Mosaik
bei GOLDMANN

Buch

Man will mit Kindern einen lustigen Nachmittag verbringen, den Kindergeburtstag aufpeppen, eine lange Autofahrt kurzweiliger gestalten, die Wartezeit beim Arzt überbrücken: wer freut sich da nicht über lustige Scherzfragen, Schüttelreime, knifflige Rätsel, spannende Kriminalgeschichten für clevere Hobbydetektive, witzige Zungenbrecher, Denksportaufgaben, Spiele und Witze. Hier wurde eine bunte Sammlung von Helga Biebricher zusammengetragen und von Erhard Dietl lustig und treffend illustriert. Die Ideen in diesem Buch sind die idealen Spaßbringer – und trainieren ganz nebenbei und unbemerkt Grips und Ausdrucksfähigkeit von Groß und Klein.

Autoren

Helga Biebricher, Montessori-Erzieherin und Mutter von drei Kindern, arbeitete viele Jahre im Hort. Bis 1997 leitete sie eine Kindertagesstätte in Wiesbaden.

Erhard Dietl, Grafiker und Diplom-Künstler, lebt in München und arbeitet für verschiedene Verlage als Illustrator.

Von Erhard Dietl illustrierte Bücher bei Mosaik bei Goldmann:

Horst Speichert/Erhard Dietl:
Mama, Papa, ich komme bald (16329)
Horst Speichert/Erhard Dietl:
Mama, Papa, ihr lieben Riesen! (16364)

HELGA BIEBRICHER
ERHARD DIETL

Scherzfragen, Rätsel, Schüttelreime

für Kinder

Mosaik
bei GOLDMANN

Umwelthinweis:
Alle bedruckten Materialien dieses Taschenbuches
sind chlorfrei und umweltschonend.

Vollständige Taschenbuchausgabe Januar 2002
Wilhelm Goldmann Verlag, München,
ein Unternehmen der Verlagsgruppe Random House GmbH
© 2000 text-o-phon Verlag GmbH, Wiesbaden
Umschlaggestaltung: Design Team München
unter Verwendung folgender Illustrationen:
Erhard Dietl
Satz: Uhl + Massopust, Aalen
Druck: GGP Media, Pößneck
Verlagsnummer: 16365
ue · Herstellung: Max Widmaier
Made in Germany
ISBN 3-442-16365-5-X
www.goldmann-verlag.de

1 3 5 7 9 10 8 6 4 2

Inhalt

Kapitel 5

Denken! Achtung! Spannung!

Kapitel 6

Grusel- und Kriminalgeschichten
zum Mitdenken 108

Nachwort

Witz und kreatives Denken 118

Liebe Leserin, lieber Leser,

ich habe noch nie ein Buch gemacht, bei dem ich so viel lachen konnte und so viel Spaß gehabt habe wie bei diesem.

Aber ich habe dabei auch sehr viel gelernt.

Die Spiele und Geschichten dieses Buches haben eines gemeinsam: Ihre Lösungen gehen über das eindimensionale logische Denken unserer Alltagslogik hinaus, die sich – wie der Amerikaner de Bono feststellte – im Bereich der höchsten Wahrscheinlichkeiten bewegt.

Es geht dabei um etwas, was wieder sehr in Mode gekommen ist und wovon sich viele die Lösung drängender Probleme versprechen: um Kreativität.

Dieses Buch ist über das Vergnügen hinaus auch nützlich für die Entwicklung kreativen Denkens und Verhaltens.

Die Autorin hat es Ihnen allerdings hauptsächlich für alle jene schwierigen Situationen gewidmet, in denen Sie als Eltern mit Ihren Kindern in Zugabteilen, Autofond, Hotelzimmer usw. nach Entspannung lechzen.

Übrigens, es gibt noch einen großen ungehobenen Schatz an Scherzfragen, Rätseln, »dummen« Sprüchen und anderer Volkslust. Wenn Ihnen etwas davon einfällt, schreiben Sie an folgende Adresse:

text-o-phon Verlag GmbH
Teutonenstraße 32b
65187 Wiesbaden

Dieses Buch war lange Zeit nicht lieferbar. Viele Nachfragen haben uns gezeigt, dass nach dieser Art Kinderunterhaltung immer noch oder wieder ein großer Bedarf besteht.

Horst Speichert, Verleger der Originalausgabe

Ein Wort zuvor

Wie viel Seiten hat das Leben?

Lange Zeit gehörte ich zu jenen Menschen, die es am liebsten immer ganz klar und eindeutig haben. Doppeldeutigkeiten (von Zweideutigkeiten gar nicht zu reden) stürzten mich manchmal in tiefe Verwirrung. Knobeleien überließ ich lieber anderen und fühlte mich ganz wohl dabei, in der Zwischenzeit etwas »Vernünftiges« zu machen. Ich fühlte mich immer dann wohl, wenn alles nach Plan verlief. Überraschungen machten mich meist fassungslos. Und damit ging auch einher, dass ich mich manchmal zu Tode erschrecken konnte.

Mein Sohn Till, der zwar in manchen Dingen ängstlich, aber doch schon von klein auf und voller Neugier auf alles in der Welt zugegangen war, hat mich quasi schon als Sieben- oder Achtjähriger bei der Hand genommen und angefangen, mich aus dieser Welt der Eindeutigkeiten und Eintönigkeiten hinauszuführen. Er zeigte z. B. auch eine solche Freude an Knobelaufgaben und Scherzfragen, dass ich mir seinerzeit zu seiner Unterhaltung mehrere entsprechende Bücher gekauft habe.

Damals zur Zeit der »antiautoritären Erziehung« habe ich auch in unserem Wiesbadener »Kinderladen« häufig Dienst gemacht, und da

 war eine meiner wichtigen Erfahrungen, dass der auf Anhieb so platt klingende Satz »Keine Regel ohne Ausnahme« bei näherem Hinsehen eine dicke Portion Lebensweisheit enthält: Regeln, welche keine Ausnahmen zulassen, sind unmenschlich, tödlich, führen sich selbst ad absurdum. Und Ausnahmen – das heißt ja, dass auf einen besonders Rücksicht genommen wird, besonders eingegangen wird – kann es eben nur geben, wenn es Regeln gibt.

Gerade dieses Wechselspiel – sich an verbindlichen, sinnvollen Richtlinien zu orientieren und im Einzelfall das individuelle Bedürfnis wahrzunehmen und zu betonen – ist das Schöne und das Schwierige und vor allen Dingen das Wichtige im Umgang zwischen Menschen (nicht nur zwischen Eltern und Kindern).

Und diese Erfahrungen haben sich verstärkt und vertieft in meiner Arbeit als Horterzieherin.

Ulk entlastet

Dabei konnte ich auch lernen, wie bedeutungsvoll gerade Rätsel, Scherzfragen, Ulkereien und dergleichen für die Kinder und uns Erwachsene sind, weil wir uns dabei von aufgestauten Gefühlen entlasten können und zugleich lernen, dass die Wirklichkeit mehr als nur eine Seite hat.

Für mich selber sind Scherzfragen und knifflige Knobeleien, Schüttelreime und Kriminalgeschichten sozusagen Tanzflächen gewesen, auf denen ich lockerer werden konnte.

Aber nun sieht es so aus, als wollte ich Ihnen das Spielen, Rätseln und Knobeln aus pädagogischen Gründen empfehlen.

Dabei liegt mir nichts ferner. Ich finde (und da bin ich mit Paul Walter in seinem Buch »Ideen für Gruppenspiele« völlig einig), dass es nur *einen* wirklichen Grund für solche Spiele gibt: den Spaß.

Allerdings habe ich dieses Buch ja für besondere Verwendungssituationen zusammengestellt. Insofern könnte man es auch als eine Art Spaß-Notpflaster bezeichnen. Die Not kann z. B. daher rühren, dass wir uns auf eine lange Autofahrt begeben haben und nun die Enge uns ärgert. Genauso kann es uns (wenn auch mit geringerer Wahrscheinlichkeit) auch in einem Zugabteil ergehen. Oder wenn wir bei schlechtem Wetter in einer Ferienwohnung eingesperrt sind (oder uns fühlen). Daher rührt der

1. Grundsatz dieser Sammlung: Diese Sammlung ist ausschließlich auf Kommunikation angelegt. Und zwar auf Kommunikation mit Worten. Es ist in keinem Fall notwendig (in einigen ganz wenigen Fällen vielleicht aber ganz sinnvoll), Papier und Bleistift zu Hilfe zu nehmen oder andere Hilfsmittel zu benutzen.

Alles ohne Hilfsmittel

Wir sind sogar so weit gegangen, dass wir sehr viele schöne Rätsel und Knobelaufgaben (z. B. Streichholzprobleme etc.) herausgelassen haben, weil wir diese nur hätten präsentieren können, wenn wir entsprechende Zeichnungen ins Buch aufgenommen hätten. Da das in bestimmten Verwendungssituationen zu Schwierigkeiten führen kann, fehlen solche Knobeleien. So haben denn auch die Zeichnungen von Erhard Dietl in diesem Buch *ergänzenden* Charakter: Sie setzen auf den

13

Spaß, den man schon mit Worten gehabt hat, noch einen der Augen.

Der 2. Grundsatz dieses Buches: Einer unterhält die anderen. Dies mag nun dazu verführen, dass es von Papa oder Mama benutzt wird, um die lieben Kinderlein zu unterhalten. Darum sei hier daran erinnert, dass es – sofern die Kinder schon lesen können – auch umgekehrt zu gehen vermag.

Wir haben – wieder im Hinblick auf »schwierige« Verwendungssituationen und im Hinblick auf Erfahrungen mit anderen Büchern – überall da, wo es um Lösungen geht, die Lösungen direkt an die Fragen, Rätsel, Krimigeschichten angeschlossen. Wer als Unterhalter also selber mitraten möchte, lege sich ein Blatt Papier ins Buch, mit dessen Hilfe er die Antworten abdecken kann. Er selbst hat es also in der Hand, wie lange er seine Neugier und Ungeduld zügeln kann.

Noch ein Wort zum Schluss: Natürlich können pädagogisch ambitionierte und von Leistungsdruck getriebene Eltern dieses Buch auch dazu benutzen, Kinder in Sachen »Kreativität« trainieren zu wollen. Niemand wird sie daran hindern können. Ihnen jedoch sei gesagt: Es konnte zwar schon häufiger beobachtet werden, dass Kinder und Erwachsene (wie z. B. auch ich) durch all diese Scherzfragen, Rätsel und Schüttelreime lockerer und auch kreativer wurden. Und das geschah immer dann, wenn sie sich ohne jegliches Ziel und ohne jegliche Absicht – außer der einen, Spaß zu haben – damit beschäftigten. Und ebenso konnte beobachtet werden, dass der »pädagogische« Einsatz solcher Spiele mit der Absicht, Kreativität zu fördern, in vielen Fällen Verkrampfungen und Abneigung gegen Spielen (und zum Schluss den Spaß) herbeiführte.

Ich kann diese einleitenden Worte nicht beenden, ohne wenigstens die Hauptübeltäter in gehöriger Weise an den Pranger gestellt zu haben, ohne deren Einflüsterungen diese Sammlung nur den halben Saft und ein Drittel der Kraft bekommen hätte. Also, man merke sich die Namen, als da sind:

Dorti,
Horst,
May,
Ricarda,
Till,
Tom,
Verena.

Mögen sie wegen ihrer üblen Sprüche, Schüttelreime, makabren Selbstmordgeschichten und dergleichen mehr für immer in der Hölle der Öffentlichkeit schmoren!

Helga Biebricher

Kapitel 1

Sch(m)erzfragen

Welcher Abend fängt schon morgens an?
(Der Sonnabend)

Wer kennt ein eisenhaltiges Abführmittel?
(Handschellen)

Welche Ähnlichkeit besteht zwischen Hannover
und einem Hund?
(Beide liegen an der Leine.)

Was will jeder werden, aber nicht sein?
(Alt)

Was haben die Ämter und Blue Jeans
gemeinsam?
(An den wichtigsten Stellen sitzen Nieten.)

Ein Auto fährt mit 120 km/h in eine Rechtskurve.
Welches Rad wird am wenigsten belastet?
(Das Reserverad)

Was ist der Unterschied zwischen einem Auto
und einer Rolle Klopapier?
(Ein Auto kann man gebraucht kaufen, Klopapier
nicht.)

Was braucht das Auto, was dem Pferd
sehr lästig ist?
(Die Bremsen)

Ein Auto fährt von A nach B. Wie schreibt
man *das* mit drei Buchstaben?
(d-a-s)

Wann fällt das Barometer?
(Wenn es nicht richtig an der Wand festgemacht wurde.)

Wer freut sich, wenn er brotlos wird?
(Der Bäcker)

Welcher Bauch hat keinen Nabel?
(Der Schiffsbauch)

Welcher Bauer wird unschuldig aufgehängt?
(Der Vogelbauer)

Wann sät der Bauer den Flachs?
(Nie. Der Bauer sät Leinsamen.)

Was geht in einem fort um den Baum herum, ohne müde zu
werden?
(Die Rinde)

Was haben ein Baumwollhemd und ein Intercity kurz vorm
Bahnhof gemeinsam?
(Beide laufen ein.)

Warum summen die Bienen?
(Weil sie den Text vergessen haben)

Was hat vier Beine und fliegt?
(Zwei Vögel)

Welches Bein kann nicht laufen?
(Das Tischbein)

Nach welchen Bergen sehnen sich die Wanderer am Abend?
(Nach den Herbergen)

Es ist schon lange fertig und wird doch jeden Morgen neu
gemacht. Was ist das?
(Das Bett)

Welches Bett hat keine Federn?
(Das Flussbett))

Welche Betten sind die größten?
(Die Flussbetten)

Welche Biere schäumen am meisten?
(Barbiere)

Ein Blinder sah einen Hasen, ein Lahmer griff ihn und ein
Nackter steckte ihn in die Tasche. Was ist das?
(Eine Lügengeschichte)

Welcher Busch hält nicht,
was sein Name verspricht?
(Der Goldregen)

 Welche Buchstaben fließen durchs Land?
(LB = Elbe)

Wie kommt man zur Bushaltestelle, wenn
es regnet?
(Auf jeden Fall mit nassen Schuhen)

Was sitzt auf dem Dach und raucht?
(Der Schornstein)

Wie steigt der Dampf aus dem Schornstein einer E-Lok,
wenn die Geschwindigkeit 80 km/h beträgt und der Seiten-
wind 20 km/h?
(Die E-Lok hat keinen Schornstein und keinen Dampf, da sie
elektrisch angetrieben wird.)

In welcher Hinsicht sind Diebe klüger als die Ärzte?
(Wenn Diebe gehen, wissen sie ganz genau, was
den Leuten fehlt.)

Was macht man, wenn einen etwas stark drückt?
(Man dreht sich um, dann schiebt's.)

Was entsteht, wenn aus einem Dreieck ein Ei herausfällt?
(Dreck!)

Wer kommt von Dresden nach Hamburg, ohne sein Bett zu
verlassen?
(Die Elbe)

Was versteht man unter einer Eisenbahnbrücke?
(Kein Wort, wenn ein Zug darüber fährt.)

Ein Ei braucht 8 Minuten, um hart zu werden.
Wie viel brauchen drei Eier?
(Natürlich auch 8 Minuten!)

Wie viele Eier konnte der Riese Goliath auf nüchternen
Magen essen?
(Eins. Denn dann war er nicht mehr nüchtern.)

Was ist paradox?
(Wenn ein Einbrecher ausbricht.)

Was für eine Zeit ist es, wenn sich ein Elefant auf ein
Gartentor setzt?
(Zeit für ein neues Gartentor!)

Wie findet man einen Elefanten im Kirsch-
baum?
(Gar nicht. Er hat ja schließlich rote
Augen.)

Was kann ein Elefant genauso schlecht
anhalten wie eine Maus?
(Die Luft)

Wie kommt ein Elefant in den Kühlschrank?
(Tür auf, Milch beiseite tun, Elefant rein, Tür zu.)
Wie kommt ein zweiter Elefant in den Kühlschrank?
(Das geht nicht, der Kühlschrank ist doch besetzt!)

Warum hat ein Elefant rote Augen?
(Damit man ihn im Kirschbaum
nicht erkennt.)

Zwei sehen sich an, ein Einäugiger
und ein Mann mit zwei Augen. Wer
sieht mehr?
(Der mit einem Auge. Er sieht die
beiden Augen des anderen. Der mit
zwei Augen sieht nur das eine Auge
des anderen!)

Was ist das Ende von allem?
(Der Buchstabe »m«)

Was hat ein Engel, wenn er in den
Mist gefallen ist?
(Kotflügel)

Wer kommt grauhaarig zur Welt?
(Der Esel)

In welche Fässer kann man keinen Wein füllen?
(In volle)

Was kommt durchs Fenster, ohne die Scheibe zu zerbrechen?
(Das Licht)

Was steht mitten im Feuer und verbrennt sich nicht?
(Das »u«)

Was ist das? Es hat Flügel und kann doch nicht fliegen, aber laufen soll es auch nicht.
(Die Nase)

Was hat das Flugzeug vorn und das Schiff hinten?
(Das »F«)

Auf welche Frage kann niemand mit »Ja« antworten?
(Schläfst du schon?)

Keiner ging voran.
Keiner ging in der Mitte.
Keiner ging hinten.
Wie ging das wohl zu?
(Das war Familie »Keiner«:
einer vorne, einer in der Mitte
und hinten auch einer.)

Warum schämt sich das Ferkel?
(Weil die Mutter eine Sau ist.)

Welcher Fisch hat das vornehmste
Benehmen?
(Der Bückling)

Kennst du vornehme Fische?

Auf welche Frage kann niemand mit »Nein« antworten?
(Hörst du mich?)

Warum sind die Fußspuren vom Elefanten immer so rund?
(Damit seine Füße reinpassen.)

Von welchen Gaben kann kein Mensch leben?
(Von den Ausgaben)

Welcher Garten wird auch im Sommer
nicht extra begossen?
(Der Kindergarten)

Zwei Gärtner wollen Rosen pflanzen. Womit fängt *jeder* an?
(Mit »j«)

Wer verdient sein Geld im Handumdrehn?
(Der Drehorgelmann)

Welches ist das dümmste Geschöpf?
(Das Kalb. Vater und Mutter sind beide Rindviecher.)

Was sind Gesichtspunkte?
(Sommersprossen)

Welches Getränk kostet heute nicht mehr als vor 50 Jahren?
(Das Freibier)

In welchem Getränk versteckt sich ein Tier?
(Im Kaffee. Der Affe.)

Wer schießt und hat doch kein Gewehr?
(Der Salat)

Welches Gewicht will keiner verlieren?
(Das Gleichgewicht)

Warum sind Glatzköpfe
friedliche Leute?
(Weil sie sich nicht in die
Haare kriegen können.)

Auf welchem Gang kann
man nicht gehen?
(Auf dem Stuhlgang)

Wo *gehen* die Gänse im Wasser?
(Dort, wo es nicht tief ist.)

In welchem Garten wachsen keine Brennnesseln?
(Im Kindergarten)

In was für Gläser kann man am besten einschenken?
(In leere)

 Braucht man an der deutsch-italienischen Grenze den Personalausweis oder den Reisepass?
(Deutschland grenzt gar nicht an Italien!)

Welcher Hahn ruft nicht kikeriki?
(Der Wasserhahn)

Wann hat es das Hähnchen am wärmsten?
(Wenn es gebraten wird.)

Was kannst du nicht in die linke Hand nehmen?
(Die linke Hand)

Wann tun dem Hasen die Zähne weh?
(Wenn ihn der Hund beißt.)

Karies bei Hasen?

Niemand, Und, Keiner
wohnten in einem Haus.
Niemand ging hinaus,
Keiner ging hinaus:
Wer blieb drin?
(Und)

Wer hat das Herz im Kopf?
(Der Kohl)

Worin besteht der Unterschied zwischen einem Heuwagen und einer Zigarette?
(Am Heuwagen ziehen vier Ochsen, an der Zigarette nur einer!)

Wer hat die Hühneraugen am Kopf?
(Das Huhn natürlich)

Wie hält man Hühnerfleisch am besten frisch?
(Man lässt die Hühner leben!)

Was hältst du von einem Kännchen Milch?
(Den Henkel)

Welcher Hund sieht hinten so schlecht wie vorn?
(Der blinde Hund)

Warum sind die Hunde böse auf
Briefträger?
(Weil sie so selten Post bekommen.)

Vor wem muss jeder den Hut abnehmen?
(Vor dem Friseur)

Was ist grün, hängt an der Wand und bellt?
(Ein Hund im Rucksack)

Wer hat es bequemer, der Kaffee oder der Tee?
(Der Kaffee: Er kann sich setzen – Tee muss ziehen.)

Was ist, wenn ein Kaminfeger in den Schnee
fällt?
(Winter)

Wie liegt die Katze auf der Mauer?
(Hart)

Welches Jahr ist das kürzeste?
(Neujahr, es dauert nur einen
Tag.)

Was ist die beste Eigenschaft
des Huhns?
(Dass es die Eier legt und nicht
wirft.)

Auf welchem Kissen schläft
man nicht?
(Auf dem Nadelkissen)

Was ist der Unterschied zwischen einem Klavier und einer Geige?
(Ein Klavier brennt länger.)

Wie nennt man ein sehr unruhiges Kleidungsstück?
(Strampelhose)

Was wird gekocht und wird doch nie gar?
(Die Kochwäsche)

Was wird größer, wenn man es auf den Kopf stellt?
(6)

Wenn der Kopf eines Pferdes nach Westen zeigt, wohin zeigt dann der Schwanz?
(Nach unten)

Welche Krankheit hat es noch in keinem Land gegeben?
(Die Seekrankheit)

Ich kenn ein Kätzchen mit samtweichem Fell,
das niemals schnurrt und
auch nicht miau sagt.
(Das Weidenkätzchen)

Welcher König hat keine Krone,
kein Reich und keine Soldaten?
(Der Zaunkönig)

Welches ist der verrückteste
Körper?
(Die Nase: Die Wurzel ist oben, die Flügel
hat sie unten, und der Rücken ist vorn.)

Fünf Krähen sitzen auf der Mauer. Der Jä-
ger schießt eine herunter. Wie viel bleiben noch übrig?
(Keine, bei dem Schuss fliegen die anderen weg.)

Was muss man immer wieder holen, wenn man am Leben
bleiben will?
(Atem)

Möcht wohl wissen, wer das ist, der immer mit zwei Löffeln
frisst.
(Der Hase)

Auf welcher Leiter hat noch nie ein Mensch gestanden?
(Auf der Tonleiter)

Je mehr er davon hat, desto weniger
wiegt er.
(Die Löcher im Käse)

Welche Mausefalle hat fünf
Buchstaben?
(Die Katze)

Was für Muscheln findet man im
Meer am häufigsten?
(Nasse)

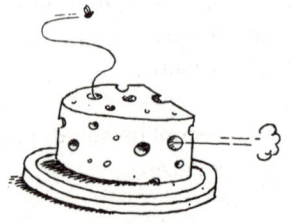

Warum trinken Mäuse keinen Schnaps?
(Weil sie Angst vor dem Kater
haben.)

Warum kann man Mäuse nicht
melken?
(Weil kein Eimer darunter passt.)

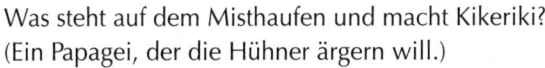

Wogegen fällt jeder Mensch, wenn
er hinfällt?
(Gegen seinen Willen)

Was steht auf dem Misthaufen und macht Kikeriki?
(Ein Papagei, der die Hühner ärgern will.)

Was ist bei der Mücke größer als beim Kamel?
(Das »M«)

Wer ist Mutters Kind und Vaters Kind und doch keines
Menschen Sohn?
(Die Tochter)

Wie viele Nägel braucht ein gut beschlagenes Pferd?
(Keine)

Was gehört dir allein, aber die anderen verwenden es viel
öfter als du?
(Dein Name)

Was wärmt besser als ein Pelz?
(Zwei Pelze)

Warum darf das Pferd kein Schneider werden?
(Weil es das Futter frisst.)

Mit welchen Pinseln kann niemand malen?
(Mit Einfaltspinseln)

Welches Pferd frisst keinen Hafer?
(Das Seepferdchen)

Wie kommt ein Rabe nach Amerika?
(Schwarz)

Welcher Ring hat Schuppen?
(Der Hering)

Welcher Ring hat Anfang und Ende?
(Der Hering)

Welche Rose ist auf einem Schiff?
(Die Windrose)

Wie nennt man Ratten, die Bücher verschlingen?
(Leseratten)

Was ist das Gegenteil von Re*form*haus?
(Reh hinterm Haus)

Welches Ross läuft nie im Galopp?
(Das Walross)

Was ist der Unterschied zwischen einem Schauspieler und einem Hund?
(Der Hund kommt, wenn man pfeift. Der Schauspieler geht.)

Welche Scheibe klirrt nicht, wenn man sie zerschlägt?
(Die Wurstscheibe)

Was denkt ein Schornsteinfeger, wenn er über einen Zebra-streifen geht?
(Man sieht mich, man sieht mich nicht!)

Wer ist der fleißigste Arbeiter?
(Der Schornsteinfeger, er arbeitet, bis er schwarz ist.)

Was ist außen schwarz und innen grün?
(Schornsteinfeger, der Spinat gegessen hat.)

Ich habe eine Schlange in der Wüste gesehen.
Was meinst du, was ich gemacht habe?
(Ich habe mich hinten angestellt.)

Welche Schuhe läuft niemand durch?
(Die Handschuhe)

Woran erkennt man, dass die Schwalben nach Süden fliegen?
(Wenn der Schwanz nach Norden zeigt.)

Warum hat der Schwan einen so langen Hals?
(Damit er bei Hochwasser nicht ertrinkt.)

Warum kann ein Schwein nicht Fahrrad fahren?
(Weil es keinen Daumen zum Klingeln hat.)

Was ist ein Scheinwerfer?
(Einer, der mit Geldscheinen wirft.)

Was ergibt dreimal sieben?
(Feinen Sand)

Was ist ein Sattelschlepper?
(Ein Cowboy, dem das Pferd durchgebrannt ist.)

Was ist, wenn ein Schotte mit einer brennenden Kerze vor dem Spiegel steht?
(2. Advent)

Welcher Satz hat keine Wörter?
(Der Kaffeesatz)

In welchen Seen ist selten Wasser?
(In den *Mus*een)

Welcher Unterschied besteht
zwischen einem Kaufmann und einem Kranken?
(Der Kaufmann nimmt gern ein, der Kranke nicht!)

Ein Segelflugzeug stürzt im Niemandsland zwischen
Deutschland und der Schweiz ab. Wem gehört der Motor?
(Motor im *Segel*flugzeug?)

Was ist der Unterschied zwischen einer Sekretärin und
einem Teppich?
(Die Sekretärin muss morgens aufstehen, der Teppich darf
liegen bleiben.)

Wer erlebt den Sonntag in vollen Zügen?
(Der Bahnschaffner)

Welcher Spiegel fällt nie herunter?
(Der Wasserspiegel)

Bei welchem Spiel verliert man kein Geld?
(Beim Geigen-, Flöten- oder sonstigem musikalischen Spiel)

Welches sind die vornehmsten Sportler?
(Die Boxer. Sie arbeiten nur mit Handschuhen.)

Welchen Spiegel kann man nicht mit einem Lappen sauber machen?
(Den Wasserspiegel)

Auf welcher Straße kann man weder fahren noch gehen?
(Auf der Milchstraße)

Warum steht der Storch auf einem Bein?
(Wenn er das auch anzöge, würde er auf den Bauch fallen.)

Ist die Straße von Gibraltar gepflastert oder betoniert?
(Weder – noch: Es ist eine Wasserstraße.)

Welcher Stuhl bewegt sich auf und ab?
(Der Fahrstuhl)

Welche Stadt steht auf dem Tisch?
(Essen)

Wie sind die Steine im Schwarzen Meer?
(Nass)

Wie nennt man einen Star, der sich auf einer Fernseh-antenne niedergelassen hat?
(Einen Fernsehstar)

Welcher Stuhl hat keine Beine?
(Der Dachstuhl)

Womit fängt der Tag an und hört die Nacht auf?
(Mit »t«)

Warum kann es nicht zwei Tage hintereinander regnen?
(Weil die Nacht dazwischen ist.)

Was brennt Tag und Nacht, und es verbrennt doch nicht?
(Die Brennnesseln)

Welcher ist der älteste Taler?
(Der Neandertaler)

Was kann man in einer leeren Tasche immer noch haben?
(Ein Loch)

Was passiert, wenn ein gelbes Taschentuch um Mitternacht
des 23. Dezember in die Nordsee fällt?
(Es wird nass.)

Was macht dem Tausendfüßler beim Autofahren am meisten
Schwierigkeiten?
(Er weiß nie, mit welchem Fuß er Gas geben soll.)

Was ist das: Es ist rot, rund und fährt immer rauf und runter?
(Eine Tomate im Aufzug)

Welchen Tag gibt es nur in Berlin?
(Den Bundestag)

Alle Tage geh ich aus,
bleibe dennoch stets zu Haus.
(Schnecke)

Welches ist das genügsamste Tier?
(Die Motte. Sie frisst nur Löcher.)

Welches Tier kommt bei uns nicht vor?
(Die Maus, wenn eine Katze in der Nähe ist.)

Welches Tier geht im Hemd spazieren?
(Der Floh)

Welcher Tor läuft und läuft und läuft um die ganze Welt?
(Der Äquator)

Was ist das: Es liegt am
Teich und ist rot?
(Ein Frosch mit Sonnen-
brand)

Es tickt, und wenn die
Tür aufgeht, fällt es von
der Wand. Was ist das?
(Reiner Zufall)

Wer kann höher springen als das Ulmer Münster?
(Alle. Seit wann kann das Ulmer Münster springen?)

Es tickt, hängt an der Wand,
und wenn die Uhr runterfällt,
ist sie kaputt. Was ist das?
(Eine Scherzfrage für Langsam-
denker)

Was ist mitten in Ulm?
(Das kleine »l«)

Welches Tier ist das stärkste?
(Die Schnecke. Sie trägt ihr
Haus auf dem Rücken.)

Wie heißen die Ureinwohner der Sahara?
(Wüst-linge)

Warum steckt der Vogel Strauß bei Gefahr den Kopf in den
Sand?
(Wenn er ihn in Wasser stecken würde, würde er ertrinken.)

Welche Vögel legen keine Eier?
(Die Männchen)

Was ist, wenn Vollmond ist?
(Nacht)

Ist keine(r) mondsüchtig?

Wann ist es besonders gefährlich, in den Wald zu gehen?
(Wenn der Mai kommt, dann schlagen die Bäume aus.)

Wie kann man Wasser im Sieb tragen?
(Wenn es gefroren ist.)

Was geht übers Wasser und wird nicht nass?
(Die Brücke)

Welcher Vogel ist meistens traurig?
(Der Pechvogel)

Wie nennt man einen Vogel, der auf einem Wagen der Bundesbahn sitzt?
(Zugvogel)

Welches Wort wird immer falsch geschrieben?
(»falsch« natürlich!)

Es steht auf der Wiese, ist blau und macht muh.
(Eine Kuh, die zu viel Bier getrunken hat.)

Was lässt sich nicht mit Worten ausdrücken?
(Der Schwamm)

Was geht über das Wasser und wird trotzdem nicht nass?
(Die Sonne)

Was muss sterben, wenn es Wasser trinkt?
(Das Feuer)

Was ist das: Es ist grün, 12 m lang und liegt in der Wüste?
(Ein Zwirnsfaden von einer Uniform, den ein
Polizist verloren hat)

Und was ist das: Es ist schwarz, 12 m lang und liegt ebenfalls in der Wüste?
(Der Schatten vom grünen Zwirnsfaden)

Wer beißt und hat doch keine Zähne?
(Der Pfeffer)

Wie oft kann man von der Zahl 12 die Zahl 2 abziehen?
(Einmal, sonst zieht man sie von der Zahl 10 ab.)

Welcher Zahn kriegt niemals Karies?
(Der Löwenzahn)

Es ist obenrum weiß, untenrum grün-rot kariert und meckert.
Was ist das?
(Ziegenbock im Schottenrock)

Welcher Unterschied besteht zwi-
schen einer Zipfelmütze und einem
Kirchturm?
(Ein sehr großer!)

Kapitel 2

Rätsel, gereimt und ganz prosaisch

Wenn man es braucht, wirft man es weg,
wenn man es nicht braucht, holt man es wieder
zurück.
(Den Anker)

Im Häuschen mit fünf Stübchen,
da wohnen braune Bübchen.
Nicht Tor noch Tür führ'n ein und aus,
wer sie besucht, der isst das Haus.
Wo haben die Bübchen ihre fünf Stübchen?
(Im Apfel)

Du hast zwei Wächter. Zwischen beiden ist ein
Hügel. Sie passen auf alles auf. Aber einander
sehen sie sich nie.
(Die Augen)

Der Himmel hat's, die Erde nicht,
Die Mädel haben's, die Frauen nicht,
Der Teufel hat's und Gott nicht,
Der Lorenz zuerst, der Michel zuletzt.
(Der Buchstabe »I«)

Was hat keinen Mund, spricht trotzdem alle
Sprachen?
(Das Echo)

43

Ich kenn ein kleines braunes Tier,
die Nüsse knackt es mit Begier.
Es klettert schnell von Ast zu Ast,
und wenn es springt, dann fliegt es fast.
(Das Eichhörnchen)

Ein Haus voll Essen und die Tür vergessen.
(Das Ei)

Ich kenne ein kleines weißes Haus,
hat nichts von Fenstern, Türen, Toren.
Und will, wer drinnen wohnt, heraus,
so muss er erst die Wand durchbohren.
(Das Ei)

Es wächst im Winter auf dem Dach.
Fällt es herunter, macht es Krach.
Wenn die Sonne richtig scheint,
es sich schnell zu Tode weint.
(Der Eiszapfen)

Einen Rüssel hab ich, lang,
und zwei Zähne groß und blank,
meine Haut ist dick und grau,
bin gewaltig stark und schlau,
bin das allergrößte Tier
auf der ganzen Erde hier,
wohne weit im fernen Land,
und man nennt mich?…
(Elefant)

Was ist das? Ist hundert Meter lang und du kannst es doch
mit einem Griff in die Tasche stecken.
(Das Garnknäuel)

Wer es macht, der sagt es nicht.
Wer es nimmt, der weiß es nicht.
Wer es kennt, der nimmt es nicht.
(Falsches Geld)

Welche Blumen mögen die Sonne nicht?
(Die Eisblumen)

Welche Mäuse, rate mal,
fliegen über Berg und Tal?
(Die Fledermäuse)

Wenn man mich sieht,
so sieht man mich nicht.
Sieht man mich nicht,
so sieht man mich.
(Die Finsternis)

Es fliegt durchs Zimmer
und brummt immer.
Es fliegt mir auf die Hand
und setzt sich an die Wand.
(Die Fliege)

Was ist das?
Hat Arme, aber keine Hände, läuft und hat doch keine Füße.
(Der Fluss)

Er hat ein grünes Röckchen an
und musiziert, so laut er kann.
Er sitzt vergnügt an seinem Teich,
quack, quack, so tönt's entgegen euch.
(Der Frosch)

Welches Jahr dauert nur drei Monate?
(Das Frühjahr)

Ich mache hart, ich mache weich,
Ich mache arm, ich mache reich.
Man liebt mich, doch nicht allzu nah:
Zu nah wird alles aufgezehrt
Und stirbt, wo man mich ganz entbehrt.
(Das Feuer)

46

Welches Tier hat immer einen Kamm bei sich und trotzdem
keine Haare?
(Der Hahn)

Es sitzt ein grauer Herr im Klee,
tut niemand was zuleide,
trägt eine Blume weiß wie Schnee
hinten an seinem Kleide.
Zwei Löffel hat er auch dabei,
doch nicht für Suppe oder Brei.
Er maust von Rüben und vom Kohl
Nun sag: wie ist sein Name wohl?
(Der Hase)

Wer hat Sporen am Fuß und reitet nicht,
hat eine Sichel und schneidet nicht,
hat einen Kamm und kämmt sich nicht?
(Der Hahn)

Im Walde wohnt ein kleiner Mann,
der hat ein graues Fellchen an.
Er nascht gar gern am grünen Kohl,
nun sag mir schnell: wer ist das wohl?
(Der Hase)

Ich kenn ein warmes Haus,
es hat drei Türen für rein und raus.
Geht man morgens rein ins Haus,
schauen unten Füße raus.
Abends geht man wieder raus.
Sag mir doch, wie heißt dies Haus?
(Die Hose)

Hoch wie ein Haus,
Klein wie eine Maus,
Stachlig wie ein Igel
Glänzend wie ein Spiegel.
(Die Kastanie)

Was ist das?
Wenn man mit den Füßen wieder draußen ist, ist man erst
richtig drinnen?
(Die Hose)

Wenn man mich mit Wasser »löscht«, zisch ich
und mache schrecklich Krawall.
(Der Kalk)

Bekannt bin ich im ganzen Land,
ihr nehmt mich täglich in die Hand.
Viel Zähne hab ich und kann doch nicht beißen.
Nun ratet mal, wie mag ich wohl heißen?
(Kamm)

Loch an Loch und hält doch!
(Die Kette)

Was ist das? Hat viele Glieder und doch keine Knochen?
(Die Kette)

Erst weiß wie Schnee,
dann grün wie Klee,
dann rot wie Blut.
Schmeckt allen gut.
(Die Kirsche)

Was ist das? Wohnt im Wasser, ist aber kein Fisch; kommt
schwarz in die Küche und rot auf den Tisch.
(Der Krebs)

Es kriecht im Wasser langsam hin,
kreuz und quer nach seinem Sinn.
Hat am Kopf zwei lange Scheren,
die es gar nicht kann entbehren.
Doch ist das Wunderbarste dran,
dass es nicht vorwärts kriechen kann.
Nur immer rückwärts läuft es fein.
Wer mag wohl dieses Tierchen sein?
(Der Krebs)

Welcher Vogel sagt dir seinen
Namen?
(Der Kuckuck)

Man isst es nicht, man trinkt es nicht
und schmeckt doch gut.
(Der Kuss)

Was geht durch Hecken und raschelt
nicht?
Was geht durch Glas, ohne dass es
zerbricht?
(Das Licht)

Je mehr man wegnimmt, desto größer wird es.
Je mehr man hinzutut, desto kleiner wird es.
Was ist das?
(Das Loch)

Der König der Tiere werd ich genannt.
Ich wohne in einem fremden Land.
Dort sind die Menschen schwarz, nicht
  weiß.
Die Sonne scheint dort gar zu heiß.
Willst du mich hier zu Lande sehen,
musst du in den Zoo wohl gehen.
(Der Löwe)

Es hat zwar Flügel und kann nicht fliegen,
hat einen Rücken und kann nicht liegen,
es kann wohl laufen, aber nicht gehen.
(Die Nase)

Es hat eine harte Schale,
der Kern schmeckt süß und fein.
Ihr knackt es alle gern.
Mein Kind, was mag das sein?
(Die Nuss)

Je mehr davon gegessen wird, desto mehr bleibt übrig.
(Nüsse)

Der arme Tropf hat einen Hut und keinen Kopf.
Und hat dazu nur einen Fuß und keinen Schuh.
(Der Pilz)

Wer ist im Wald der kleine Mann,
der nur auf einem Bein stehen kann?
Hat einen großen, bunten Hut,
ist einmal giftig, einmal gut.
(Der Pilz)

Wer hat die meisten Reisen
um die Erde gemacht?
(Der Mond)

Was ist das? Es hört jedes
Wort und sagt selber keins.
(Das Ohr)

Ich mache, dass du beim
Spazierengehen keine
schmutzigen Füße kriegst.
Wenn du eine Wunde hast,
helf ich dir, sie zu heilen.
(Das Pflaster)

Zwei Augen hab ich, doch seh ich nichts.
auch einen Mund, doch spreche ich nicht.
hab Ohren, Arme und Beine,
doch kann ich nicht gehen und stehen alleine.
Liege in meinem Bettchen still,
bis man mit mir spielen will.
(Die Puppe)

Was hat am Anfang 16 Beine, dann gar keine
und schließlich 6?
(Raupe, Puppe, Schmetterling)

Was hat sechs Beine, läuft aber auf vieren?
(Ein Reiter auf seinem Pferd)

Die schönste Blume werd ich genannt,
man findet mich in Stadt und Land.
Wer sich erfreut an meinen Blüten,
mag sich vor meinen Dornen hüten.
(Die Rose)

Wenn Regen und Sonne sich zärtlich berühren,
geh ich meine Farben spazieren führen.
Ich bin eine Brücke aus hellem Licht,
doch Autos und Busse fahren hier nicht.
(Der Regenbogen)

Ich habe keine Füße
und geh doch auf und ab
und beiß mich immer tiefer ein,
bis ich mich durchgebissen hab.
(Die Säge)

Ich habe Zähne und bin kein Esser,
ich kann schneiden und bin kein Messer.
(Die Säge)

Was ist das? Du kannst es nicht riechen,
spüren, schmecken, hören
und ist doch sichtbar.
(Der Schatten)

Was ist das?
Am Morgen ist es lang,
am Mittag kurz und klein,
am Abend ist's am längsten
und nachts ist's gar nicht da.
(Der Schatten)

Was ist das? Es begleitet dich Tag und Nacht im
Sonnen- und Mondenschein,
mal vor dir, mal hinter dir und neben dir,
mal groß, mal klein.
Aber wenn du die Erde berührst,
berührst du es auch.
(Der Schatten)

Zwei Löcher hab ich,
zwei Finger brauch ich.
So mach ich Langes und Großes klein
und trenne, was nicht beisammen soll sein.
(Die Schere)

Wir sind eins und zwei,
und wenn wir uns zusammenfügen,
entzweien wir alles,
was wir kriegen.
(Die Schere)

Es schwimmt auf dem Wasser,
ist groß und schwer,
es geht selten unter
und fährt übers Meer.
(Das Schiff)

Ich hab ein eigenes Schloss,
doch ist das ziemlich klein.
Es passt kein Gast, kein Hausgenoss
zugleich mit mir hinein.
(Der Schlüssel)

Alle Tage geh ich aus,
bleibe dennoch stets zu Haus.
(Die Schnecke)

Vom Himmel fällt's,
tut sich nicht weh,
ist weiß und kalt,
das ist der …
(Schnee)

Es flog ein Vogel federlos
auf einen Baum blattlos.
Kam eine Frau mundlos
und fraß den Vogel federlos.
(Eine Schneeflocke schmilzt
in der Sonne.)

Welcher Mann ist immer kalt?
(Der Schneemann)

Wer sitzt auf unserm Dach
und raucht,
der weder Pfeif noch Tabak
braucht?
(Der Schornstein)

Am Tage stopft man ihnen das Maul,
nachts stehen sie vorm Bett und gähnen faul.
(Die Schuhe)

Kommt vom Leben,
hat kein Leben,
muss doch Leben tragen.
(Der Schuh)

Ich kenn einen Peter, den kennt jeder,
doch gern hat ihn keiner.
Was ist das nur für einer?
(Der schwarze Peter aus dem Kartenspiel)

Es rüttelt sich und schüttelt sich
und macht ein Häuflein unter sich.
(Das Sieb)

Welche Uhr ist gut gemacht,
aber nutzt nicht in der Nacht?
(Die Sonnenuhr)

Ich bin groß und mächtig
und blühe prächtig,
der Sonne bin ich zugekehrt,
mit ihrem Namen man mich ehrt.
(Die Sonnenblume)

Jedem zeigt er ein anderes Gesicht.
Selber hat er keins.
Weißt du, wer das ist?
(Der Spiegel)

Da bin ich, Kleine! Ich hab acht Beine,
bin rund und klein, zieh Netze fein
aus zarten Fädchen, ganz ohne Rädchen.
(Die Spinne)

Bei Tag kannst du mich nicht sehen,
bei Nacht kannst du nach mir gehen.
(Der Stern)

Er geht im Grase,
hat eine lange Nase,
hat lange rote Stiefel an,
stolziert drin wie ein Gockelhahn.
(Der Storch)

Es geht durch Stadt und Land und bleibt doch immer an
derselben Stelle.
(Die Straße)

Sind Bruder und Schwester.
Er hell und sie dunkel.
Sie ist gar schnell und voller Gefunkel.
Er ist oft mühselig und voller Plage.
Wie heißen die beiden, das
ist meine Frage.
(Tag und Nacht)

Es hat vier Beine und kann
nicht gehen, muss immer
auf allen vieren stehen.
Wer ist das?
(Der Tisch)

Auf welcher Weide können keine Kühe grasen?
(Auf der Trauerweide)

Sie geht und geht schon immer fort
und kommt doch keinen Schritt vom Ort.
(Die Uhr)

Immer muss ich gehen,
niemals darf ich stehen,
darf weder zu langsam
noch zu schnell mich
drehen.
(Die Uhr)

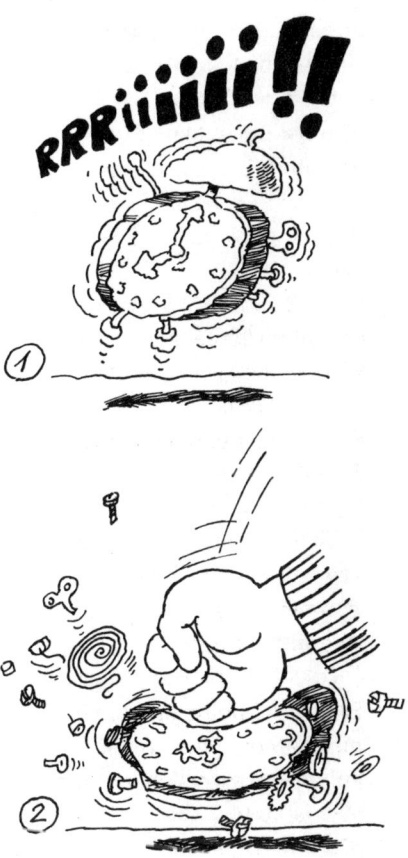

Es schüttelt die Bäume,
geht durch deine
Träume,
saust um alle Ecken,
pfeift zum Erschrecken,
spielt mit dem Laub
und ist selber taub.
(Der Wind)

Wie trägt man Wein
wohl über den Rhein
ohne Flasche und Glas,
ohne Krug und Fass?
(Als Weintraube)

Du spürst ihn und fasst ihn nicht,
du greifst ihn an und hast ihn nicht,
du hörst ihn und siehst ihn nicht,
du rennst davon und fliehst ihn nicht.
Was ist das?
(Der Wind)

Es schnaubt und heult die Straß herauf
Und hat doch keine Lunge;
Es leckt den Schnee wie Butter auf
Und hat doch keine Zunge.
(Der Wind)

Welche Hose ist nicht aus Stoff?
(Die Windhose)

Ich habe viele Zähne und doch keinen Mund.
Ich bin nicht eckig, sondern rund
und drehe mich im Kreise.
Wer weiß, wie ich heiße?
(Das Zahnrad)

Ich habe keinen Schneider
und hab doch sieben Kleider.
Wer mir sie auszieht,
der muss weinen,
und sollt er noch so lustig scheinen.
(Die Zwiebel)

Wer mich beißt, den beiß ich wieder,
mach ihm nass die Augenlider.
(Die Zwiebel)

Es sitzen zweiunddreißig Gesellchen
in einem kleinen Ställchen,
sind lustig und munter,
gehen auf und unter
und ein rot Mädchen dabei,
so sitzen sie schön in der Reih.
(Die Zähne)

Schwestern – zweiunddreißig – hab ich im Sinn.
Sie wohnen all über deinem Kinn.
Mal singen sie, mal sprechen sie,
mal schlingen sie, mal zechen sie.
Und musst du einmal herzhaft lachen,
können sie sich sichtbar machen.
Isst du viel Kuchen, Zuckerzeug,
das macht, dass es die Schwestern reut.
Sie werden krank und schwächlich
und schließlich sehr
gebrechlich.
Sie zahlen's dir mit
großer Pein
und mit ihrem
Fortgang heim.
Sind sie gesund,
dann Gott sei Dank,
wirst du auch selber
selten krank.
(Die Zähne)

Kapitel 3

Zungenbrecher

In Wirklichkeit ist die Zunge natürlich eines der gelenkigsten Glieder, die wir haben. Wie der beste Akrobat stößt auch sie, so gelenkig sie auch ist, an ihre Grenzen. Und diese Grenzen auszuloten, dabei den gehörigen Spaß nicht zu vermissen – dazu dienen seit alters her die Zungenbrecher. Hier die schönsten, die ich gefunden habe.

Bürsten mit schwarzen Borsten bürsten besser, als Bürsten mit weißen Borsten bürsten.

Der dicke Dietrich trug den dünnen Dietrich durch das dreckige Dorf Dünnfuß.

Esel essen Nesseln nicht,
Nesseln essen Esel nicht.

Fischers Fritz fischt frische Fische,
frische Fische fischt Fischers Fritz.

Früh in der Frische
fischen Fischer frische Fische
in der Fischach.

Große Krebse krabbeln im Korbe.
Im Korbe krabbeln große Krebse.

Schneiderschere schneidet scharf,
scharf schneidet Schneiderschere.

In Ulm, um Ulm und um Ulm herum.

Die Katze tritt die Treppe krumm.

Kleine Kinder können keinen Kaffee kochen.

Es lagen zwei zischende Schlangen zwischen
zwei spitzigen Steinen und zischten dazwischen.

Klitzekleine Kinder können
keinen Kirschkern knacken.

Hans hackte Holz, hinterm Hirtenhause
hackte Hans Holz.

Hitze hat se, sagt se, meint se, hätt se.

Der Cottbuser Postkutscher
putzt den Cottbuser Postkutschenkasten.

Ein krummer Krebs kroch über eine krumme
Schraube.

Meister Müller, mahle mir meine Metze Mehl,
morgen muss mir meine Mutter Milchmus machen.

Der Metzger wetzt das Metzgermesser
mit des Metzgers Wetzstein.
Mit des Metzgers Wetzstein
wetzt der Metzger sein Metzgermesser.

Ob er aber über Unterammergau
oder aber über Oberammergau kommt,
ist nicht gewiss.

Der Schmied beschließt die Schmiede.
Die Schmiede hat der Schmied beschlossen.

Sechsundsechzig sächsische Schuhzwecken.

Unser alter Ofentopfdeckel tröpfelt.

Violett steht recht nett,
recht nett steht violett.

Wenn ich weiß, was du weißt,
und du weißt, was ich weiß,
dann weiß ich, was du weißt,
und du weißt, was ich weiß.

Wenn mancher Mann wüsste, wer mancher
Mann wär,
gäb mancher Mann manchem Mann manchmal
mehr Ehr.
Da aber mancher Mann nicht weiß, wer mancher Mann ist,
mancher Mann manchen manchmal vergisst.

Wir Westerwälder Waschweiber wollen weiße
Windeln waschen, wenn wir wüssten, wo warmes Wasser wäre.

Zwischen zwei Zwetschgenbaumzweigen
zwitschern zwei geschwätzige Schwalben.

Ich steck meinen Kopf in 'n kupfernen Topf,
in 'n kupfernen Topf steck ich meinen Kopf.

Kapitel 4

Spiele

Bei Spielen im Auto, im Zug, abends nach langer Wanderung in einer Hütte, eben unterwegs, muss es ohne großen Aufwand zugehen. (Fast) alles, was wir brauchen, das sollten wir in unserem Kopf dabeihaben (oder in Form dieses Büchleins, das dem müden Gehirn mit Anregungen auf die Sprünge hilft).

1. »Ich sehe was, was du nicht siehst!«

Wer anfängt, guckt sich einen Gegenstand innerhalb oder außerhalb des Autos, des Abteils, der Hütte an, den die anderen auch sehen können und der während der nächsten paar Minuten nicht aus dem Blick verschwinden darf. Die Sprechformel lautet: »Ich sehe was, was du nicht siehst, und das ist... (Farbe einsetzen).« Die anderen dürfen nun der Reihe nach raten, um was es sich handelt. Wer die Sache als Erster herausgefunden hat, darf nun seinerseits das Spiel als Frager fortsetzen.

Natürlich kann das Spiel auch variiert werden. Statt Farben können Formen eingesetzt werden oder auch die Formel: »...und das fängt mit einem... (Buchstaben einsetzen) an.«

2. Koffer packen

Ich fange an und sage: »Ich packe meinen Koffer. Als Erstes packe ich mein Schwimmzeug hinein.«

Der Nächste erzählt die Geschichte weiter, wiederholt aber alles, was ich gesagt habe: »Ich packe meinen Koffer. Als Erstes packe ich mein Schwimmzeug hinein und einen Tennisschläger.«

Der Nächste wiederholt wieder alles und fügt ein eigenes Stück hinzu: »Ich packe meinen Koffer. Als Erstes packe ich mein Schwimmzeug hinein und einen Tennisschläger und eine Schreibmaschine.«

Je länger wir packen, umso schwieriger wird es natürlich, alles zu behalten, was schon im Koffer ist. Aber gegenseitiges Helfen ist erlaubt!

Eine Variante des Spiels: Die Dinge, die in den Koffer gepackt werden, müssen in alphabetischer Reihenfolge hineingestopft werden. Also anfangen mit A wie Abendkleid, dann B wie Bettzeug, C wie Chemieexperimentierkasten, D wie Damasttischdecke bis hin zu Y wie Yogabuch oder Z wie Zelt.

3. Heiteres Beruferaten

Dieses Spiel ist wohl den allermeisten aus der gleichnamigen Fernsehsendung bekannt. Nur, dass wir unterwegs natürlich keinen Fremden haben, der uns seinen Beruf erraten lässt. Wir denken uns also selber einen Beruf aus, der – wenn es denn unbedingt sein muss – vor Beginn des Ratens auch auf einen Zettel geschrieben wird.

Die Spielregel: Der Befragte darf nur mit Ja oder Nein antworten. Wer fragt, darf so lange fragen, bis er ein »Nein« zur Antwort erhalten hat. Dann geht die Rolle des Fragers auf einen anderen über.

Auch für Tiere, Städte, Früchte geeignet.

Wir legen vorher fest, bei welcher Zahl von »Nein«-Antworten der Befragte als unbesiegt gilt. (10, 12 oder 15 »Nein«-Antworten sind so im Allgemeinen angemessen.)

Der Unbesiegte darf sich einen neuen Beruf ausdenken. Ansonsten geht die Rolle des Befragten an den über, der das Geheimnis gelüftet hat.

Natürlich muss es nicht immer ein Beruf sein. Zum Geheimnis erklärt und geraten werden dürfen auch Städte, Tiere, Früchte, Länder, historische Persönlichkeiten usw.

Kleine Zwischenfrage.
Was macht eine Kuh? Muh!
Was machen Kühe? Mühe!

4. »Sag die Wahrheit!«

Dieses Spiel hat leider den Nachteil, dass man es nur einmal spielen kann. Dann ist sein Witz verloren. Wer also diese Anleitung als Erster liest, der holt sich einen Bündnisgenossen, um mit ihm die anderen ein wenig hereinzulegen und zu necken.

Das Spiel geht nämlich so: Du behauptest, dass niemand der Anwesenden auf die Frage, die du stellst, »die Wahrheit« sagen wird.

Wer wird das schon glauben! Also musst du es beweisen.

Du fragst also. »Wie heißt du?«

Und die Antwort lautet zum Beispiel: »Jan.«

Aber du bist nicht zufrieden. Du behauptest, das ist nicht die Wahrheit. Und fragst weiter.

Wenn die anderen langsam ungeduldig werden, dann kommt der an die Reihe, den du vorher in das Geheimnis eingeweiht hast. Du fragst ihn: »Was isst du am liebsten?«

Antwort: »Die Wahrheit.«

»Wie heißt du?«

»Die Wahrheit.« Und so weiter.

Und noch ein kleines Intermezzo: Du holst aus dem Reiseproviant drei Fruchtschnitten oder drei Nüsse oder drei Äpfel, legst sie auf deine Hand uns sagst: »Das sind drei Autos, ja?«

Die anderen blicken gespannt, nicken, ja und?

Du: »Oh, was seid ihr hohl, das sind doch drei Fruchtschnitten (Nüsse, Äpfel)!«

Ausprobieren! Es funktioniert prima.

5. Das lustige Telefonspiel

Manche Leute haben merkwürdige Namen. Zum Beispiel heißt einer »Beltz« oder ein anderer »Brentz«. Aus diesen Namen kann man ein schönes Telefonspiel machen. Stellt euch vor, einer, der zum Beispiel »Beltz« heißt, meldet sich am Telefon mit: »Hier Beltz.« Was sagt unter Garantie der Mann oder die Frau am anderen Ende der Leitung?

»Dann tun Sie doch den Hund aus dem Zimmer!«

Oder der Herr, der »Brentz« heißt, meldet sich mit: »Hier Brentz!« Antwort am anderen Ende: »Dann rufen Sie doch bitte die Feuerwehr an!«

Aus dieser Grundidee könnt ihr ein stundenlanges Spiel machen. Ihr überlegt euch Namen, die, am Telefon in der Verbindung mit »hier« ausgesprochen, merkwürdige, lustige oder paradoxe Reaktionen des Teilnehmers am anderen Ende der Leitung hervorrufen. Hier – zur Anregung der Fantasie – noch einige Beispiele. Leute können zum Beispiel heißen: »Krachts«, »Puptz«, »Stinktz«, »Ziehtz« usw.

»Guten Tag, hier Stinktz!«

6. Popofax

In diesen engen Zugabteilen, im Autokäfig oder auch in den urgemütlich kleinen Hütten kommt es unweigerlich einmal vor, dass ein besonderer Duft die Luft schwängert: Irgendeinem ist ein Furz entfahren. Wer keine Angst vor solchen »unanständigen« Themen hat und sich auch nicht darin erschöpfen möchte, entrüstet die Nase zu rümpfen, der kann dies zum Anlass nehmen, das Popofax Spiel zu spielen.

 Popofax ist nämlich die geniale Erfindung eines leider unbekannten Genies. Sie besteht aus einem Gerät, welches, an der richtigen Stelle des Körpers befestigt, die menschlichen Winde in angenehme Düfte wie z. B. Veilchen-, Rosen- oder Lilienduft verwandelt und die normalerweise mit dem Furzen einhergehenden Geräusche z. B. in Dreiklänge, Melodien oder Kuckucksrufe umsetzt.

Schöne Düfte, gute Klänge

Es macht einen Heidenspaß, sich Werbeverse für dieses großartige Produkt auszudenken. Ist man erst einmal in Fahrt gekommen und verteilt sich die kreative Arbeit auf mehrere Köpfe, dann kann dieses »Brainstorming« manchmal stundenlang gehen.

Zum Anregen und Anwärmen hier einige Beispiele, die wir gesammelt haben:

Popofax mit Glockenschlag,
und froh beginnt dein Arbeitstag.

Popofax mit Duft von Veilchen
erfreut auch alte Leut ein Weilchen.

Popofax, Marke Holunder,
macht auch müde Männer munter.

Popofax mit Moschusnote,
das liebt der Chef und auch der Bote.

Popofax mit Meisenklang
empfehlen wir bei leisem Gang.

Benutzt du Popofax mit Duft vom Flieder,
dann fallen die Freunde vor dir nieder.

Popofax mit Schlag der Nachtigallen,
dann wird der letzte Einwand fallen.

Popofax mit Zeitansagen
kannst du statt Armbanduhr jetzt tragen.

7. Nachsprechgeschichten

Ähnlich wie »Koffer packen« sind Nachsprechgeschichten, die mit einem Gegenstand anfangen (z. B. »Das ist das Auto«), dem

dann immer weitere Begriffe angehängt werden. Zum Schluss kann es dann z. B. heißen: »Das ist das Auto des Vaters des Mädchens im Sandkasten, dessen Schippe der Hund mit der Schnauze vom Rasen in das Wasser des Sees gestoßen hat.«

Wer schafft den längsten Satz?

Eine schöne Variante dieser Spiele ist, sie zuerst auf- und dann wieder abzubauen: Beim »Rückspiel« wird der Satz jedes Mal um einen Begriff gekürzt.

Eine bekannte »klassische« Geschichte dieser Art ist »das hölzerne Männchen«. Sie kann als Vorbild und zum Nachahmen vorgelesen werden, und zwar so, dass der Vorlesende immer einen Satz vorliest und die anderen reihum diesen immer länger werdenden Satz wiederholen.

Das hölzerne Männchen

Das ist das hölzerne Männchen.

Das ist das Haus des hölzernen Männchens.

Das ist die Tür des Hauses des hölzernen Männchens.

Das ist das Schloss der Tür des Hauses des hölzernen Männchens.

Das ist der Schlüssel des Schlosses der Tür des Hauses des hölzernen Männchens.

Das ist der Faden vom Schlüssel des Schlosses der Tür des Hauses des hölzernen Männchens.

Das ist die Maus, die zernagt hat den Faden vom Schlüssel des Schlosses der Tür des Hauses des hölzernen Männchens.

Das ist der Kater, der gefangen die Maus, die zernagt hat

den Faden vom Schlüssel des Schlosses der Tür des Hauses des hölzernen Männchens.

Das ist der Hund,
der gebissen den Kater,
der gefangen die Maus,
die zernagt hat den Faden
vom Schlüssel des Schlosses
der Tür des Hauses
des hölzernen Männchens.

Das ist der Knüppel, mit dem geschlagen der Hund, der gebissen den Kater, der gefangen die Maus, die zernagt hat den Faden vom Schlüssel des Schlosses der Tür des Hauses des hölzernen Männchens.

Das ist der Baum, wovon geschnitten der Knüppel, mit dem geschlagen der Hund, der gebissen den Kater, der gefangen die Maus, die zernagt hat den Faden vom Schlüssel des Schlosses der Tür des Hauses des hölzernen Männchens.

Das ist der Wald, in dem gestanden der Baum, wovon geschnitten der Knüppel, mit dem geschlagen der Hund, der gebissen den Kater, der gefangen die Maus, die zernagt hat den Faden vom Schlüssel des Schlosses der Tür des Hauses des hölzernen Männchens. (Und nun das Ganze rückwärts.)

8. » Teekesselchen «

Unter Kindern heute wieder ein sehr beliebtes Spiel, ist gerade für unsere Verwendungssituationen das »Teekesselchen« besonders reizvoll.

Hier schnell zur Erinnerung die »Spielregel«: Zwei aus der Runde verständigen sich über einen doppeldeutigen Begriff. Jeder wählt nun einen und beschreibt ihn in Form eines Rätsels. Die anderen müssen raten, welches doppeldeutige Wort gemeint ist. Nehmen wir z. B. das Wort »Ball«.

A sagt: Mein Teekesselchen ist rund.«

B: »Mein Teekesselchen macht viel Spaß.«

A: »Mein Teekesselchen macht auch viel Spaß.«

B: »Bei meinem Teekesselchen kann man viele Leute sehen.« Und so weiter.

Das Spiel geht so lange weiter, bis einer der anderen das Teekesselchen erraten hat. Dieser darf dann mit einem der beiden Teekesselchen-Darsteller vom letzten Mal ein neues Teekesselchen vorführen.

Teekesselchen gibt es wie Sand am Meer.

Hier eine kleine Auswahl:

Atlas (das Gebirge; das Schulbuch; die Seide)

Auge (das auf der Suppe; das Auge zum Sehen)

Band (das Band, um etwas zuzubinden; ein Buch)

Bank (jene, die mit Sitzen zu tun hat; diese, bei der man sein Geld aufbewahrt)

Bart (der des Vaters; jener des Schlüssels)

Birne (jene, die glüht; diese, die man essen kann)

Blatt (vom Baum; aus Papier)

Blume (jene, die im Garten blüht; die des Hasen; diese auf dem Bier hier)

Brücke (übern Fluss gespannt; im Mund versteckt; Teppich)

Elle (Knochen am Unterarm; altes Längenmaß)

Ente (jene, die im Teich schwimmt; diese, welche aus der Zeitung kommt)

Frosch (ein besonders »mutiger« Mensch; jener, welcher z. B. das Wetter ansagt, während sein Bruder im Teich herumhüpft)
großer Wagen (Sternbild; Fortbewegungsmittel)
Hahn (jener, welcher manchmal tröpfelt; dieser, der auf dem Mist kräht)
Hasenfuß (Teil eines vorzüglich auf Feldern lebenden Tieres; Bezeichnung für einen nicht besonders mutigen Menschen)
Krone (auf dem Kopf des Königs; im Mund seiner Gattin)
Kunde (jener, welcher im Geschäft etwas kauft; diese, die verbreitet wird)
Leiter (jene, von der man herunterfallen kann; dieser, welcher einen rüffelt oder feuert)
Mutter (jene, die zur Schraube gehört; diese, die man als Elternteil verehrt)

 *Note* (Zensur; musikalisch)
Rose (Krankheit; Blume)
Schlange (jene, bei der man sich hinten anstellt; diese, vor der man im Urwald gehörig Angst hat)
Schloss (auf dem Berg; in der Tür)
Stamm (der vom Baum; jener der Indianer)
Stift (Nägelchen; Lehrling; Kloster)
Strumpf (am Bein; in der Gaslampe)
Tau (morgens auf der Rose; immer auf dem Segelschiff)
Wolf (jener, welcher angeblich die Großmutter verspeist hat; dieser, den man sich beim Laufen holt)

9. Neck- und Spottlieder

»Dichten ist keine Kunst, aber Schulden bezahlen, wenn man kein Geld hat.« Dank der Einrichtung des Girokontos können heute auch brotlose Dichter ihre Schulden bezahlen, dagegen ist das Dichten beim so genannten Volksmund ziemlich aus der Mode gekommen. Dabei machen gerade Neck- und Spottlieder riesigen Spaß. Und: Wenn man ein paar kleine Tricks kennt, dann ist es ganz einfach so eine »Dichtermühle« am Lagerfeuer oder in der Hütte (im Zugabteil etc.) in Gang zu halten.

Das Wichtigste ist, sich eine geeignete Melodie auszusuchen. Wir stellen hier zwei vor (welche so bekannt sind, dass niemand beim Mitsingen Schwierigkeiten haben dürfte) und verraten gleichzeitig, wie man es am besten anstellt, Neck- und Spottverse darauf zu dichten.

»O Tannenbaum, o Tannenbaum«

Der Volksmund hat darauf so schöne Verse wie
den folgenden gemacht:
»Ein Stachelschwein, ein Stachelschwein,
das muss ein Schwein mit Stacheln sein.
Und hat es keine Stachelein,
dann ist es auch kein Stachelschwein.«

Um daraus einen Spottvers zu machen, ist es wichtig, an der
geeigneten Stelle einen Namen zu platzieren. Diese Stelle ist
hier das dreisilbige Wort »Stachelschwein«. Also, probieren
wir's erst einmal. Da ist ein Mädchen namens Erika, welches
schnarcht.

Ein Spottvers darauf könnte heißen:
»Die Erika, die Erika,
die sägt des Nachts so wunderbar.
Und sägt sie nachts nicht wunderbar,
so ist es nicht die Erika.«

Geht es um Menschen mit dreisilbigen Namen (wie z. B.
Ursula, Friederich, Eduard etc.), dann ist das Schema also
ganz einfach zu erfüllen, ebenso
bei Viersilbern: Helga-Anna, Helga-
Anna...

Wie aber, wenn es sich um Mit-
menschen mit zweisilbigen oder
einsilbigen Namen handelt? Also
nehmen wir zuerst den zweisilben
Peter. Da ergänzt man den Namen
ganz einfach mit einem Eigen-
schaftswort, das einsilbig sein muss.
Zum Beispiel Peter klein, Peter groß,
Peter stark etc.

EIN STACHELSCHWEIN,
EIN STACHELSCHWEIN,
DAS MUSS KEIN SCHWEIN
MIT STACHELN SEIN !

Ein Spottversbeispiel:
»Der Peter stark, der Peter stark,
der glaubt dem Lehrer jeden Quark.
Und glaubt er mal nicht jeden Quark,
so ist er nicht der Peter stark.«

Und nun noch ein Beispiel mit einem einsilbigen Zeitgenossen. Bei diesem muss die Auffüllung mit zweisilbigen Wörtern passieren. Statt »stark« usw. kann man dann »so stark« usw. einsetzen. Oder aber man hängt ein »o Freund« und ähnliche Füllsel daran. Ein bisschen geht es ja auch darum, was gesagt werden soll und welchen Reim man braucht.

»Der Jan, o Freund, der Jan, o Freund,
der hat das alles nicht gemeint.
Und hätte er es doch gemeint,
so wär er nicht der Jan, o Freund.«

»Sing man tau«

Das Lied von »Herrn Pastor sin Kauh« gibt besonders schöne Möglichkeiten für Spottlieder her.

Hier zunächst einmal der Grundtext:
»Kennt ihr all das neue Lied, neue Lied, neue Lied,
was das ganze Dorf schon singt von Herrn Pastor sin Kauh.
Sing man tau, sing man tau von Herrn Pastor sin Kauh, ja Kauh.
Sing man tau, sing man tau von Herrn Pastor sin Kauh.«

Veräppeln macht Spaß

Durch einen kleinen Trick kann man richtig freche Verse darauf schmieden! Wir machen es einfach vor:
»Unser Kanzler lacht so schön, lacht so schön,
lacht so schön,
unser Kanzler lacht so schön *wie* Herrn Pastor
sin Kauh.«
   (Und dann wird der Refrain einfach drangehängt: Sing man tau…) Sie müssen es selbst ausprobieren. Es gibt kaum einen Namen, den man nicht in das Versmaß hineinbringt, und kaum eine Freundlichkeit, die man nicht durch den Vergleich mit Herrn Pastor sin Kauh in eine Unfreundlichkeit verwandeln kann. Noch einige Vorschläge:
Unsere Tante riecht so gut…
Unser Auto fährt so schnell…
Mutters Mantel ist so bunt…
Unser Ferdi singt so schön…
Boris Becker spielt so gut…
Heinrich Fetz ist wieder froh…
Eduard hat was am Knie…
Edelgard singt nur in Moll…
Fritz, der kommt zur Türe rein…
Otto sitzt auf seinem Stuhl…
Ecki macht die Fenster zu…
Christel trägt die Teller rein…
Geli tanzt den Rock 'n' Roll…
Evi spielt Gitarre vor…
   Usw., usw., usw.

10. Chanasan-Sprachan

Nicht unbekannt ist das Lied »Drei Chinesen mit dem Kontrabass saßen auf der Straße und erzählten sich was«, bei dem dann einzelne Strophen durchgesungen werden, in denen für alle Vokale a, e, i, o, u oder auch die Doppelvokale (au, ei, eu) eingesetzt werden. Also z. B.: Dra Chanasan mat dam Kantrabass saßan af dar Straßa and arzahltan sach was.

»Naun, auch aussau nauchts!«

Viel Spaß macht es auch, sich kleine (d. h. vor allem: kurze!) Geschichten selbst auszudenken (die also noch niemand kennt) und in der Vokalsprache zu erzählen. Einfach mal probieren!

Die anderen müssen hinterher den Sinn der Geschichte wiedergeben können.

11. Hautbotschaften

Ein genüssliches, vergnügliches und ebenfalls in jeder Situation (mindestens von Kindern) spielbares Spiel ist das Schreiben auf dem Rücken oder in der Hand.

Mit dem Finger werden auf dem Rücken Botschaften Buchstabe für Buchstabe geschrieben. Der Empfänger der Botschaft muss sich sehr konzentrieren, um mitzubekommen, welche Nachricht ihm zugedacht ist. Ausprobieren!

In öffentlichen Verkehrsmitteln, wo es z. B. nicht angebracht ist, den Rücken zu entblößen, aber nicht nur aus diesem Grund, ist auch das »Morsen in der Hand« eine schöne Alternative. Allerdings wird nicht wirklich gemorst dabei, sondern die Buchstaben werden vom Sender mit einem Finger in die offene Handfläche des Empfängers (der wegschauen/die Augen schließen muss) »geschrieben«. Die Handfläche ist wesentlich empfindlicher als der Rücken. Deswegen ist es auch viel leichter, die Buchstaben zu entziffern. Es ist also erlaubt, das Spiel z. B. dadurch zu erschweren, dass nicht in Druckbuchstaben, sondern in Schreibbuchstaben geschrieben wird.

In allen Fällen sind als Alternativen auch Bildsymbole zu benutzen (Haus, Baum etc.).

12. Die sichere Wette

Dieses Spiel kann man leider nur einmal spielen. Sie sagen Ihren Kindern, Sie wüssten eine Wette, bei der Sie immer gewinnen würden.

Die Kinder bestreiten das natürlich. Und sind gespannt.

Sie vereinbaren mit den Kindern oder mit einem von ihnen, dass es auf alle Fragen, die Sie ihm stellen wollen, immer nur »10 Pfennig« sagen soll. Und Sie behaupten, dass es dies nicht schaffen wird.

Die Wette geht um 2 Mark.

Also Sie fangen an, fragen tausend Fragen. Immer sagt Ihr Kind: »10 Pfennig.«

Und nun sagen Sie plötzlich: »Komisch, heute scheint es doch nicht zu klappen. Also, willst du nun lieber 10 Pfennig oder die 2 Mark?«

Sagt das Kind nun: »10 Pfennig«, geben Sie ihm die 10 Pfennig. Das Spiel ist zu Ende. Sagt das Kind aber »die 2 Mark«, dann hat es die Wette verloren. Und die 2 Mark ebenso.

13. Schüttelreime

Ein besonderes Vergnügen, welches allerdings auch besondere Anforderungen an die Beweglichkeit der kleinen grauen Zellen (manchmal auch an die Ausdauer der Teilnehmer) stellt, sind Schüttelreime. Sie sind sozusagen die Krönung aller unserer Do-it-yourself-Vorschläge in Sachen Dichtung und Poesie.

Erklären wir erst einmal das Wesentliche des Schüttelreims an folgendem Beispiel:

Als wir noch in der Wiege lagen,
da gab's noch keine Liege-Wagen.

Das Augenmerk richte sich auf die beiden letzten Wörter

der beiden vorgestellten Zeilen. Da ist erstens zu beachten, dass sich beide Wörter aufeinander reimen: Wiege auf Liege und lagen auf Wagen. Sodann als Zweites und Wichtigstes: Das »W« aus »Wiege« findet sich in der zweiten Zeile bei »Wagen« wieder und das »L« von »lagen« in der zweiten Zeile in dem »L« von »Liege«.

Und dies sind tatsächlich die beiden notwendigen Voraussetzungen, die erfüllt sein müssen, wenn wir von einem »Schüttelreim« sprechen wollen.

Ist schon die Zahl der Wörter, die sich aufeinander reimen, begrenzt, so wird die Zahl der verwendbaren Wörter eben durch die Bedingung wesentlich eingeschränkt, dass die Anfangsbuchstaben der beiden Wörter (es können auch Wortteile sein) in umgekehrter Reihenfolge im Reimwortpaar der zweiten Zeile auftauchen müssen.

Und dennoch gelingt es ab und an, sogar Vierzeiler nach diesem Prinzip zu bauen. Die beiden Beispielzeilen waren der Anfang. Das gesamte Gedicht geht folgendermaßen:
Als wir noch in der Wiege lagen,
da gab's noch keine Liege-Wagen.
Jetzt kann man in den Wagen liegen
und sich in allen Lagen wiegen.

Wer in diesem schwierigen Bereich erfolgreich kreativ tätig sein möchte (und das z. B. bei einem jener Anlässe, für die das Buch geschrieben ist), tut gut daran, ein bisschen Systematik in sein Vorgehen zu bringen.

Wer kein Genie ist, das Schüttelreime aus dem Ärmel hervorzaubern kann, sucht zunächst einmal zwei ganz einfache Reimwörter, die nicht so lang sein sollten, z. B. das Wort »Zahl«, auf das sich den Umständen entsprechend vielleicht ganz gut »Qual« reimt. Machen wir es uns einfach: Nehmen wir die entsprechenden Tätigkeitswörter »zählen« und »quälen« dazu. Schon haben wir einen Schüttelreim:
Qual zählen,
Zahl quälen.

Auf »Zahl quälen« scheint es schwierig, einen Text zu machen, also wird aus »Zahl« »Zahlen«. Und dann geht es vielleicht schon:
Wenn Lehrer dich mit Zahlen quälen,
kannst du kaum deine Qualen zählen.

Ein weiterer Versuch macht aus »quälen« und »zählen«

»quält« und »zählt«. Dann könnte es heißen:
Wer stets nur seine Qualen zählt,
sich auch noch mit den Zahlen quält.

Wenn man also seinen Schüttelreim gefunden hat, sind schon noch einige Fantasien und Spucke erforderlich, um daraus dann ein einigermaßen sinnvolles und lustiges Versgebilde zu basteln. Ist es aber dann gelungen, ist der Lohn der Mühe umso schöner.

Natürlich ist es auch erlaubt, auf »halber Strecke« stehen zu bleiben, wenn man nicht so recht weiterkommt. Die Zuhörer merken es oft kaum, wie in folgendem Beispiel:
Hörst du es bei den Bäckern fluchen,
so kriegst du bald schon lecker'n Kuchen.

Aber mit einigem buchhalterischen Ehrgeiz kann man doch zu einem einzigen Reimpaar eine ganze Menge von passenden Reimen finden.

Wir haben es einmal ausprobiert. Hier unsere Beispiele, die Sie gerne dazu verwenden dürfen, sich Ihren eigenen Vers darauf zu machen.

Rentner
Zentner

Rentner Zeichen,
Zentner reichen.

Rentner zagen,
Zentner (t)ragen.

Rentner Zeiten,
Zentner reiten.

Rentner zappeln,
Zentner rappeln.

Rentner Zicke,
Zentner Ricke.

Rentner Zinne,
Zentner Rinne.

Rentner zocken,
Zentner rocken.

Ein Beispiel von vielen möglichen
Leute, die mit Rentnern zocken,
die sieht man auch mit Zentnern
rocken.

Räuber	Räuber tief
Täuber	Täuber rief
Räuber Tiegel	Räuber tadeln
Täuber Riegel	Täuber radeln
Räuber tot	Räuber tappen
Täuber rot	Täuber Rappen
Räuber tauchen	Räuber toben
Täuber rauchen	Täuber Roben
Räuber taub	Räuber Tour
Täuber raub	Täuber Ruhr
Räuber-Test	Räuber tun
Täuber-Rest	Täuber ruhn

*Hörst du es bei den
Bäckern fluchen . . .*

Ein Beispiel:
Wenn des Nachts die Täuber ruhn,
siehst du ihr Werk die Räuber tun.

Gäule	Gäule bang
Beule	Beule gang
Gäule balgen	Gäule bellten
Beule Galgen	Beule gelten

Beispiel:
Als kürzlich meine Gäule bellten,
sollte das meiner Beule gelten.

*. . . so kriegst du
bald schon lecker'
Kuchen!*

Und hier noch eine Reihe von Kreuzreimen, die sowohl als Grundlage zum Finden für weitere Reimpaare dienen können als auch zu Versuchen schicklich sind, einen Schüttelvers daraus zu produzieren.

Jäger schlagen
Schläger jagen

Qualen zählen
Zahlen quälen

später fielen
Väter spielen

Beeren madig
Meeren bad ich

Läuse madig
Mäuse lad ich

Kehlchenseil
Selchen-Keil

Schiffer zockte
Ziffer schockte

Schiffer zählte
Ziffer schälte

Frachter schlug
Schlachter frug

Leiter raufen
Reiter laufen

Keller protzen
Preller kotzen

Jährchen Lust
Lerchen just

Nadel stecken
Stadel necken

Häuten brauchten
Bräuten hauchten

Fladen schießen
Schaden fließen

Laden schieben
Schaden lieben

Kohle sind
Sohle Kind

Hirte wollte
Wirte holte

Habe schenkte
Schabe henkte

Kabel schnullerte
Schnabel kullerte

Käufer suchen   Bache liegen
Säufer Kuchen   Lache biegen

Mäuse schluckten   flacher Mühlen
Schleuse muckten   Macher fliehen

Platze glätten   Jacke schluckte
Glatze plätten   Schlacke juckte

Bändchen halten   Racker wollte
Händchen ballten   wacker rollte

Bäder retten   Kosen hackst
Räder betten   Hosen kackst

Kläffer (T)Rasse   Läuse machten
Treffer Klasse   Mäuse lachten

Krempel tranig
Tempel Kranich

Und hier noch einige Schüttelreime, die wir fanden (oder selber
machten), zur besseren Motivation:

Steig ich aus der Badewanne,
ich in den Strumpf die Wade banne.

Auf diesem schönen Schattenplatz,
da drückt ich meinen platten Schatz.

Was kümmert mich der Metternich,
mein Vetter küsst viel netter mich.

Beim Tanzfest auf den Schwofendielen
störten mich die doofen Schwielen.

Keine Zukunft ohne Kuh-Zunft.

Es spricht der blaue Huddel-Bär:
»gib mir jetzt meine Buddel her.«

Erst klapperten die Klapperschlangen,
bis dann die Klappern schlapper klangen.

Ein Mädchen, welches Röschen hieß,
fuhr Fahrrad, bis das Höschen riss.

Er denkt, es wären seine Kälber,
doch hat er leider keine selber.

Glaubst du, dass dieser Täuber raube,
dann ist's vielleicht 'ne Räubertaube.

Wenn man mich einst den Schatten weiht,
begrabt mich nicht in Wattenscheid.

14. »Ich fahre zum Mond«

Dieses Spiel ist deshalb so reizvoll, weil es ungezählte Varianten haben kann. Einer ist der Raketenpilot. Er wählt nur Leute als Reisebegleitung, die Dinge von der gleichen Art mitnehmen wie er. Von welcher »Art« die Dinge sein sollen, muss sich der Pilot vorher ausdenken, z. B. Dinge, die mit demselben Buchstaben anfangen; Dinge, die einem bestimmten Kind gehören; Dinge, die man unter einem Sammelbegriff zusammenfassen kann wie »Südfrüchte« usw. Der Pilot verrät nicht, welche Art er sich ausgedacht hat. Er nennt nur einen Gegenstand seiner Art, den er mit auf den Mond nimmt. Die Mitspieler nennen ebenfalls Gegenstände. Der Pilot sagt, ob die Gegenstände der anderen seiner geheimen Regel entsprechen oder nicht.

Pilot: Ich fahre zum Mond und nehme einen Tisch mit. Ines sagt: Ich fahre zum Mond und nehme einen Stuhl mit. Ines darf mit. Der Pilot will nämlich Sachen aus dem Zimmer mitnehmen. Es darf also jeder mit auf den Mond fahren, der das errät und solche Dinge mitnimmt.

Einige weitere Beispiele:

Es können Dinge mitgenommen werden, die alle mit einem bestimmten Buchstaben anfangen, z. B. *T*asche, *T*inte, *T*annenbaum.

Es können Dinge mitgenommen werden, die im Garten wachsen, z. B. Gurken, Blumen.

Es können Dinge mitgenommen werden, die mit einem bestimmten Buchstaben enden, z. B. Mehl, Kamel, Stuhl.

Es können Dinge mitgenommen werden, die man essen kann, z. B. Quark, Brot, Schnitzel.

Es können Dinge mitgenommen werden, die mit einem Buchstaben des Namens des jeweils Mondreisenden anfangen. Zum Beispiel *S*andra nimmt eine *S*onne mit, *R*alf einen *R*adiergummi.

Es können Dinge mitgenommen werden, die es nur auf der Straße gibt, z. B. Bus, Straßenlaterne, Gulli.

Es können Dinge mitgenommen werden, die das Alphabet fortlaufend aufzählen: Armbanduhr, Bett, Cembalo, Dose usw.

Es können Dinge mitgenommen werden, die man trinken kann, z. B. Milch, Tomatensaft.

Es können Dinge mitgenommen werden, die einen doppelten Konsonanten haben, z. B. Messer, Teller, Zimmer.

Es können Dinge mitgenommen werden, die es im Zoo gibt, z. B. Tiger, Vögel, Elefanten.

Allerdings sollte man eine neue Variante erst einführen, wenn alle geschnallt haben, wie man es erreicht, auf den Mond mitgenommen zu werden.

Kapitel 5

Denken! Achtung! Spannung!

Für so manchen pfiffigen Geist ist Knobeln der schönste Zeitvertreib. Schwierige logische Probleme oder auch Scheinprobleme zu lösen oder zu entlarven – das macht Spaß. Das macht Spaß seit dem Altertum. Und so sind auch einige der Geschichten, die man immer wieder zu hören bekommt, Probleme, mit denen sich schon die alten Griechen die Zeit vertrieben und ihre Jugend in die wundersame Welt des logischen und lateralen Denkens einführten.

Aber keine Angst: Neben diesen alten Geschichten gibt es hier auch eine Reihe von neuen.

Übrigens: Unter die klassischen und neuen Knobelgeschichten haben wir immer wieder mal eine »Aufpass-Geschichte« gemischt, die mehr für die Kleineren gedacht ist, aber vielleicht dem einen oder anderen Älteren auch noch Schwierigkeiten und Spaß bereitet.

Der beinah sichere Tod des Wesirs

Ein großer Sultan pflegte, wenn jemand zum Tode verurteilt worden war, ihm noch eine Chance zu geben, indem er ihn einer Art Gottesurteil unterwarf.

Dem zum Tode Verurteilten wurden zwei

 schwarze Ebenholzkästchen gebracht. In einem Kästchen war eine weiße, im anderen eine schwarze Kugel. Öffnete der Todeskandidat als Erstes das Kästchen mit der weißen Kugel, so wurde ihm das Leben geschenkt.

Nun war dieser Sultan aber hinterlistig. Wenn er einem der Verurteilten das Leben nicht schenken wollte, so waren in den Kästchen nur schwarze Kugeln. Alle Welt raunte sich das zu, aber niemand wagte, es laut zu sagen – aus Angst, deswegen selber den Kopf zu verlieren.

Eines Tages war der Wesir des Sultans in Ungnade gefallen. Der Sultan selbst hatte ihn zum Tode verurteilt. Und nun sollte es an die scheinheilige Zeremonie gehen. Denn da der Sultan sehr ergrimmt war, war der Wesir sicher, dass in den beiden Kästchen nur schwarze Kugeln sein würden.

Der Wesir kam mit dem Leben davon. Wie hat er es gemacht?

(Der Wesir war mit dem geöffneten Kästchen ans Fenster getreten, unter dem ein Esel aus der Traufe fraß, hatte wie aus

Ungeschicklichkeit die Kugel direkt vor das Maul des Esels fallen lassen, welcher sie sogleich hinunterschluckte. So musste das zweite Kästchen geöffnet werden. Darin lag nun eine schwarze Kugel. Da der Sultan seinen Betrug nicht zugeben mochte, musste er zugestehen, dass der Wesir die weiße Kugel gefunden habe.)

Aufpass-Geschichte Nr. 1

Fritz steht am Ufer eines breiten Flusses, auf dem dicke Eisschollen treiben. Während die Sirene eines Flussdampfers tönt, bemerkt Fritz, dass ein älterer Herr von hinten an ihn herantritt. Der ältere Herr hat einen weißen Vollbart und fragt Fritz: »Siehst du den Baum mit den roten Kirschen auf der anderen Seite des Flusses? Ich möchte gern einige von diesen Kirschen pflücken. Bitte, sag mir, wie ich über den Fluss kommen kann.«

Der Mann, der die Kirschen will

Fritz hat sich umgedreht und schaut dem Mann ins Gesicht. Er kann das andere Ufer nicht sehen.

Was hättet ihr dem alten Mann geantwortet?

(Im Winter gibt es keine Kirschen an den Bäumen!)

Die beiden Brüder an der Weggabelung

Eine dieser schönen alten Geschichten aus der Antike ist die folgende:

Da, wo sich die Straße gabelt und die eine zum Tode, die

andere aber zum Leben führt, bekommt man Auskunft über den Weg von zwei Brüdern, die – weil Zwillinge – nicht voneinander zu unterscheiden sind. Der eine von ihnen aber lügt immer, der andere sagt immer die Wahrheit.

Wanderer, die an die Weggabelung kommen, stehen also vor einem erheblichen Problem. Sie können ja nicht wissen, ob sie nun gerade den lügenden oder den wahrheitsliebenden Bruder vor sich haben.

Es gibt aber einen Trick, mit dem man sicherstellen kann, dass man immer auf den richtigen Weg geschickt wird.

Was sagt der lügende Bruder?

(Man formuliert die Frage folgendermaßen: Was würde dein Bruder sagen, wohin dieser Weg führt? Erwischt man den wahrheitsliebenden Bruder, so sagt der das Gegenteil von dem, was tatsächlich der Fall ist, weil er ja wahrheitsgemäß über die Lüge des Bruders berichtet. Erwischt man den lügenden Bruder, so sagt er mit Sicherheit das Gegenteil von dem, was der Bruder sagen würde, also auch die Unwahrheit. So kann man sich sicher orientieren. Erfährt man auf diese Art und Weise, dass der Weg in den Tod führt, so kann man ihn getrost gehen, denn in jedem Fall führt er dann zum Leben.)

Aufpass-Geschichte Nr. 2

Zwei Freunde beschließen sich im Urlaub zu treffen. Der eine wohnt in Hamburg, der andere in Amsterdam. Als Treffpunkt vereinbaren sie Dortmund. Am selben Tag geht es mit den Rädern los. Der eine, der in Hamburg losfährt, ist besonders schnell. Er schafft 150 km am Tag. Der andere kann nicht ganz so schnell fahren. Aber er schafft doch immerhin auch 100 km täglich. Wer von den beiden war nun weiter von Hamburg entfernt, als sie sich in Dortmund trafen?

(Natürlich beide gleich weit!)

Nochmals: Probleme an der Weggabelung

Diese Geschichte ist nicht aus der Antike überliefert. Das sieht man schon daran, dass Wegweiser vorkommen, die es damals nur recht selten gab. Die Wegweiser an der Weggabelung, von der wir erzählen, weisen – nein, ich muss sagen: wiesen – den Weg zu den Orten Appeldorf, Beerenheim und Deppenkamp. Aber, o Graus, da hat doch irgendjemand den Wegweiser abgesägt und in den Straßengraben geworfen.

Als Fritz Fröhlich aus Appeldorf des Weges kommt, sieht er an der Weggabelung einige Leute stehen, die völlig ratlos sind. Welcher Weg geht nun nach Deppenkamp? Sie streiten hin und streiten her. Sie atmen auf, als sie Fritz sehen. »Sie kennen sich hier aus?«, rufen sie ihm schon von weitem entgegen. »Welcher Weg geht nach Deppenkamp?«

»Nein, ich kenne mich nicht aus, ich bin hier auch fremd.«

»Schade«, rufen die Leute.

Fritz Fröhlich sieht in den Graben und sagt: »Das werden wir gleich haben!«

Und wirklich, wenig später wissen

alle, welcher Weg nach Deppenkamp führt. Wie hat Fritz Fröhlich es gemacht?

(Da Fritz Fröhlich wusste, dass er aus Appeldorf kam, stellte er den Wegweiser wieder so auf, dass er nach Appeldorf zeigte. Da ergaben sich die anderen beiden Richtungen von alleine.)

Aufpass-Geschichte Nr. 3

Kein Regenschirm und doch keine nassen Haare!

Herr Mustermann macht einen Spaziergang. Einen weiten Spaziergang. Als er von zu Hause weggegangen war, war ein strahlend blauer Himmel. Nun auf einmal sieht er, dass ganz schnell Wolken aufziehen. Er kehrt um. Aber er ist doch so weit von zu Hause weg, dass es fürchterlich zu regnen anfängt, bevor er sein Heim erreicht hat. Er hat keinen Hut dabei, natürlich auch keinen Regenschirm. Es war ja so schönes Wetter. Trotzdem werden seine Haare nicht nass. Warum?

(Herr Mustermann hat eine Glatze.)

Ein Eisenbahnproblem

Bleiben wir noch ein bisschen beim Reisen. Herr Müller aus Vlotho ist in den USA und hat beschlossen, den nordamerikanischen Kontinent von New York nach San Francisco mit der Eisenbahn zu durchqueren. Bei der Auskunft erfährt er, dass die Fahrt fünf Tage dauert. Morgens und abends geht ein Zug. Jeden Tag also zwei. Und aus der Gegenrichtung, so sagt die

junge Dame im Informationsstand, gibt es praktisch den gleichen Fahrplan.

Schwierige Zählerei

Unterwegs registriert Herr Müller aus Vlotho die Züge, denen
sein Zug auf der Strecke begegnet. Er ist verwundert. Und
darum fragt er seine Gastgeber in San Francisco: »Ratet mal,
wie viele Züge, aus San Francisco kommend, mir auf meiner
Fahrt von New York begegnet sind?«

Die Gastgeber kamen auch nicht so einfach darauf. Darum
jetzt die Frage an euch.

(Man ist leicht geneigt zu meinen, dass einem die zehn
Züge begegnen, die in der Zeit der Fahrt von San Francisco aus
starten. Darin steckt ein Fehler. Denn auch die Züge, die in
den letzten fünf Tagen in San Francisco gestartet, aber bisher
noch nicht in New York eingetroffen sind, sind natürlich ebenfalls auf der Fahrt nach San Francisco zu begrüßen!)

Aufpass-Geschichte Nr. 4

»Du bist der Fahrer von einem Bus der Linie 9. An der ersten
Station steigen zwei Leute ein, an der nächsten steigt einer aus
und drei steigen ein. An der dritten Station steigen wiederum
vier ein und zwei aus. An der nächsten Station kommen zehn
Leute in den Bus und fünf gehen hinaus.

Welche Haarfarbe hat der Busfahrer?«

(Die meisten Zuhörer haben inzwischen vergessen, dass die
Geschichte mit dem Satz eingeleitet wurde: »Du bist der Fahrer...«, und sind jetzt völlig ratlos. Wer aber wirklich aufgepasst hat, der weiß auch, welche Haarfarbe der Busfahrer hat.)

Eine fettige Sache

Viele Menschen und besonders Kinder mögen heutzutage keine fetten Sachen mehr. Und Fettsuppen schon gar nicht. Früher aber, als das Reisen noch anstrengender und beschwerlicher war, da war eine fette Suppe für einen müden Reiter zum Beispiel gerade das Richtige. Von einem solchen müden Reiter handelt unsere Geschichte. Als der nach einem langen Tagesritt in eine Herberge kam, gelüstete es ihn nach einer schönen heißen, fetten Suppe. Und als er den Wirt sah, der um die Gäste herumscharwenzelte und ihm auch sogleich voller Begierde in den Geldsäckel guckte, beschloss er, dem Wirt eine Lektion zu erteilen.

Er rief den Wirt zu sich und fragte, was bei ihm eine gute fette Fleischbrühe koste. »15 Groschen«, war die Antwort.

»Na, da wird es aber wohl eine Suppe ohne Saft und Kraft sein. Schwimmen denn auch Fettaugen darauf herum?«

»Aber gewiss doch!«, war die Antwort.

»Nun gut«, sagte der Reiter, »dann wollen wir ein ehrliches Geschäft machen. Ich zahle dir nicht 15 Groschen für deine Suppe, sondern für jedes Fettauge, was ich darauf zähle, einen.«

Wie viele Groschen hat der Reitersmann bezahlt?

(Der Reiter hatte den Wirt in seiner Geldgier richtig eingeschätzt. Der

Wirt schaffte viel mehr Fett als üblich in die Suppe hinein. In Gedanken zählte er schon hunderte von Groschen in seinem Säckel. Aber er hatte sich verrechnet. Das viele Fett führte dazu, dass es nur ein einziges Fettauge auf der Suppe gab. Der Reiter zahlte einen Groschen.)

Aufpass-Geschichte Nr. 5

Wenn von zehn Brüdern jeder eine Schwester hat, wie viele Geschwister sind es dann?
   (Natürlich 11.)

Wie kommen Wolf, Ziege und Kohl wohlbehalten über den Fluss?

Dies wäre für den Bauern, der mit den beiden Tieren und dem Kohl unterwegs ist, kein Problem, wäre nur der Kahn groß genug. Denn in seiner Gegenwart herrscht eitel Frieden. Der Wolf beißt die Ziege nicht, die Ziege geht auch nicht an den Kohl. Aber: In den Kahn, den der Bauer auf seinem Weg am Fluss vorfindet, geht außer dem Bauern nur eins von den dreien.

Dass diese Ziege so kohlsüchtig ist!

Gut, überlegte der Bauer. Als Erstes kann ich die Ziege hinüberfahren, denn der Wolf geht nicht an den Kohl. Aber wenn ich dann den Wolf nachhole, frisst er mir die Ziege auf; hol ich aber den Kohl, dann geht die Ziege an den Kohl. Einen Augenblick war der Bauer ganz ratlos. Doch dann ging ein Leuchten über sein Gesicht. Er hatte die Lösung gefunden:

Wie sah sie aus?

(Zuerst brachte der Bauer tatsächlich die Ziege über den Fluss; dann ruderte er zurück und holte den Kohl. Als er den über den Fluss gefahren hatte, lud er die Ziege wieder ein und fuhr mit ihr zurück. Er setzte sie wieder ans Ufer, nahm den Wolf und brachte ihn zu dem Kohl. Und dann konnte er in aller Ruhe auch die Ziege nachholen.)

Aufpass-Geschichte Nr. 6

Eine Fabel. Isegrim, der Wolf, hatte vor Gericht erscheinen müssen. Er hatte ein Schaf gerissen.

»Ich wollte es nicht töten«, verteidigte sich der Wolf, »aber als ich am Bach trinken wollte, war auch das Schaf da, um ein wenig unterhalb von mir ein Bad zu nehmen. Es wühlte so sehr das Wasser auf, dass ich vor lauter Schmutz nichts trinken konnte. Da wurde ich zornig, wir gerieten in Streit, und dabei ist es passiert.«

Isegrim wurde zum Tode verurteilt. Warum?

(Weil er nicht die Wahrheit sagte, also nicht im Zorn getötet hat. Wenn das Schaf unterhalb des Wolfs am Fluss war, konnte das aufgewühlte Wasser den Wolf nicht stören, da die Flussströmung den Schmutz mit nach unten hin wegnimmt.)

Eine seltsame Wette

In einer Oase der Wüste Sahara saßen ein paar Beduinen beisammen und prahlten mit der Schnelligkeit ihrer Kamele. Sie waren drauf und dran, ein Wettreiten zu veranstalten. Da mischte sich ein Fremder in das Gespräch und meinte: »Viel interessanter als ein Wettrennen finde ich herauszufinden, welches von euren Kamelen diese Oase am langsamsten umrundet.«

Und der Fremde setzte auf dieses Kamel eine hohe Belohnung in Gold.

Drei von den Beduinen erklärten sich bereit, auf die Wette einzugehen, und legten selber etwas in den Wetttopf. Bevor

das Wettrennen losging, steckten sie die Köpfe zusammen und tuschelten. Dann bestiegen sie die Kamele, und zum Erstaunen der Zuschauer, die sich das merkwürdige Wettrennen nicht entgehen lassen wollten, ritten alle drei, so schnell sie konnten, davon. Und als sie nach der Umrundung der Oase mit Höchstgeschwindigkeit auf den Hof der Gastwirtschaft preschten, hatten einige Zuschauer immer noch nicht verstanden, wieso aus dem Rennen um das langsamste Kamel nun doch so ein richtiges Wettrennen geworden war.

Habt ihr es verstanden?

(Die drei Beduinen hatten, da es ja nur um das langsamste *Kamel* ging, die Kamele vertauscht. Somit war jeder daran interessiert, das Kamel des anderen als Erstes ins Ziel zu bringen.)

Aufpass-Geschichte Nr. 7

Lügt die Zeugin?

»Und das am helllichten Tag zur Mittagszeit!«, sagte Kriminalkommissar Peppke. Aus einem verschlossenen Auto, das am Straßenrand vor einer Boutique geparkt war, hatten Unbekannte einen Koffer mit Juwelen gestohlen. Das Ganze musste sehr schnell vor sich gegangen sein. Der Mann, der das Auto abgestellt hatte, war nur in die Stadtbücherei gegangen und hatte dort zwei Bücher zurückgegeben. Das konnte höchstens fünf Minuten gedauert haben. Kommissar Peppke steht vor dem Auto, als Frau Goldfinger, die Besitzerin der Boutique, heraustritt. »Haben Sie etwas gesehen?«, wendet sich Peppke an Frau Goldfinger.

Diese nickt bedeutungsvoll und sagt: »Es waren zwei Männer. Der eine hat eine große Hakennase und einen Hut wie im Wildwestfilm, der andere hatte sehr breite Schultern.«

Kommissar Peppke geht mit Frau Goldfinger in die Boutique. »Wie konnten Sie die beiden denn sehen?«, fragt Peppke verwundert, als er entdeckt, dass man vom Verkaufsraum aus das Auto direkt gar nicht sehen kann.

»Ich habe sie auch nicht richtig gesehen, sondern nur ihre langen Schatten«, ist die Antwort von Frau Goldfinger.

Da weiß Herr Peppke, dass er mit dieser Aussage leider nichts anfangen kann. Warum?

(Mittags gibt es keine langen Schatten.)

Aufpass-Geschichte Nr. 8

Xaver aus München ist zum ersten Mal am Meer. Soeben hat er gelernt, was Ebbe und Flut ist. Da kommt er am Hafen vorbei und sieht, wie Matrosen ein Schiff anstreichen. Sie hängen mit ihrer Strickleiter keine 20 cm über dem Wasser.

»Ihr müsst euch beeilen«, ruft Xaver. »Denn es ist jetzt Flut und da steigt das Wasser in den nächsten zwei Stunden um einen Meter.«

Die Matrosen lachen nur. Warum?

(Wenn das Wasser steigt, steigt das Schiff mit. Es schwimmt ja schließlich.)

Der Schaden durch den falschen Geldschein

Weil sein Vater schnell mal das Auto zur Reparaturwerkstätte fahren musste, hat Erik an der Trinkhalle der Eltern den Dienst übernommen. Da kommt ein Mann, der gleich eine ganze Stange Zigaretten kaufen will. Diese kostet 30 Mark. Der Mann will mit einem 100-Mark-Schein bezahlen. Erik stellt fest, dass er nicht genug Wechselgeld hat. Er bittet den Mann, einen Augenblick zu warten, schließt die Trinkhalle sorgfältig ab und geht zum benachbarten Friseur, um das Geld zu wechseln. Mit kleineren Scheinen zurück, händigt er dem Mann die Zigaretten aus und das Wechselgeld von 70 DM. 30 Mark legt er in die Kasse und ist ganz stolz.

Kaum ist der Vater zurück, stürzt der Friseur mit hochrotem Kopf in die Trinkhalle und sagt: »Der Hunderter, den du mir vorhin zum Wechseln gegeben hast, ist falsch!«

Der Vater lässt sich alles erklären und gibt dem Friseur für den falschen einen richtigen Hunderter. Und dann überlegt er, welcher Schaden ihm entstanden ist. Erik hilft dabei.

Wieso ist das so schwierig?

Wer von euch kann es genau sagen?

(Bei dieser Geschichte ist es besonders gut, wenn möglichst viele Leute möglichst lange spekulieren. So ist es möglich, dass schnell sämtliche Klarheit beseitigt wird! Dabei ist die Sache eigentlich ganz einfach: Erik und sein Vater müssen als Verlust abbuchen:

1. die 70 DM, die sie dem Fremden als Wechselgeld gegeben haben, und

2. die Stange Zigaretten.

In ihrer Kasse finden sich nach Ende des »Geschäftes« 30 echte Mark mehr als vorher und ein falscher Hunderter [der nicht zählt], es fehlt ein echter Hunderter; d. h. also, es sind 70 Mark weniger in der Kasse. Außerdem fehlen ihnen eben die Zigaretten.)

Die schnelle Beate auf ihrem Fahrrad

Familie Langenweg geht spazieren. Aus Erfahrung weiß Herr Langenweg, dass sie ziemlich genau 4 Kilometer in der Stunde gehen. Beate hat ihr Fahrrad mitgenommen. Damit ist sie genau dreimal so schnell wie die Eltern. Sie fährt gleich los und steuert schon mal das Ziel, eine alte Eiche, an, kommt dann wieder zu den Eltern zurück, hält sich bei diesen aber nicht auf, sondern fängt das Spiel sogleich wieder von vorne an. Bis sie gemeinsam am Ziel angekommen sind. Die Eltern sind 4 Kilometer gelaufen. Wie viele Kilometer hat Beate zurückgelegt?

(Man kann natürlich versuchen, das auf komplizierte Art und Weise auszurechnen. Da aber in der Aufgabe steht, dass Beate dreimal so schnell fährt, wie die Eltern gelaufen sind, hat sie in der Zeit 12 Kilometer zurückgelegt.)

Kapitel 6

Grusel- und Kriminalgeschichten zum Mitdenken

Eigentlich hätten die folgenden Geschichten auch noch gut in das Kapitel 5 gepasst. Wir hielten es aber für nützlich, diesen Geschichten eine Warnung voranzustellen. Einige der folgenden Geschichten sind von ziemlicher Grässlichkeit. Und Menschen mit lebhafter Fantasie und empfindsamem Gemüt sollten sich davor in Acht nehmen. Wir haben neben jede dieser schrecklichen Geschichten ein großes, dickes Ausrufungszeichen zur Warnung gesetzt.

Ein unverständlicher Selbstmord

Wir befinden uns im Zirkus Adolis. Da geschieht nun Folgendes: Einer der Artisten geht morgens nach der Probe in seinen Wohnwagen. Er schaut in den Spiegel, der vorne an der Schranktür befestigt ist. Da durchfährt ihn ein fürchterlicher Schreck. Er setzt sich eine Zeit lang an den Tisch. Dann holt er sich eine Wäscheleine aus dem Schrank und hängt sich auf.

Warum?

(Bei dieser und den folgenden Geschichten besteht der Reiz darin, möglichst lange darüber zu spekulieren, welches die Gründe für das merk-

würdige Verhalten des Artisten sein könnten. Die Auflösung ist denkbar simpel: Bei dem Artisten handelt es sich um einen Liliputaner. In seiner Abwesenheit hat jemand die Füße von dem Schrank abgesägt, an dem der Spiegel aufgehängt ist. Dadurch glaubte der Liliputaner, er habe einen Wachstumsschub bekommen. Damit wäre die Grundlage für seinen Beruf im Zirkus zerstört gewesen. Deshalb beendete er sein Leben.)

Die gestohlene Uhr

Flughafen Frankfurt. Eben ist eine Maschine aus New York gelandet. Während die Passagiere die Ausgangshalle verlassen, Wartende ihre ankommenden Freude begrüßen, plötzlich lautes Geschrei: »Meine Uhr, meine Uhr«, die hell klingende Stimme eines kleinen Mannes in grauem Anzug. Zufällig ist Kriminalkommissar Peppke in der Nähe.

Der kleine Mann im grauen Anzug gibt eine genaue Personenbeschreibung. Da Kommissar Peppke zwei Köpfe größer ist als der kleine Mann, erkennt er, über die Menge hinblickend, den beschriebenen Uhrenräuber an einem Kiosk stehend. Mit wenigen Schritten ist er dort und nun stehen sich Räuber und Beraubter Aug in Aug gegenüber. Aber der Räuber sagt: »Was wollen Sie? Eine Uhr?«

»Ja, das ist meine Uhr!«, sagt der kleine Mann im grauen Anzug mutig und deutet auf jene, die sein Gegenüber am Handgelenk trägt.

»Lächerlich!«, sagt dieser. »Diese Uhr hat mir meine Frau, die ich gerade zum Flughafen gebracht habe, zum Abschied geschenkt.«

»Na, dann ist es ja gut!«, sagt Kommissar Peppke. Und dann fragt er: »Ach, ich hab es eilig, sagen Sie mir doch mal schnell, wie spät es jetzt ist!«

»Ach«, sagt der fremde Mann und wird dabei rot, »ich glaube, die Uhr ist stehen geblieben!«

»Vor sechs Stunden?«, fragt Kommissar Peppke.

»Ja, so muss es ja wohl sein«, sagt der Mann.

Für Kommissar Peppke ist damit der Fall geklärt.

Warum?

(Der kleine Mann im grauen Anzug kam ja gerade aus New York und hatte seine Uhr noch nicht auf Frankfurter Zeit umgestellt. Damit aber war klar, dass der Gefasste tatsächlich der Uhrenräuber war.)

Und noch ein mysteriöser Selbstmord

In einer Pyramide wurde ein Mann gefunden. Der hatte sich mitten an der Decke eines 7 m hohen Raumes erhängt. Seine Beine baumelten 4 m über dem Boden. Außer dem Haken in der Decke und dem etwa 1,50 m langen Strick war in dem Raum nichts zu finden.

Die Polizei glaubte daher, dass es sich nicht um einen Selbstmord, sondern um einen Mord handelte.

Kommissar Peppke, der daraufhin mit den Ermittlungen betraut wurde, machte als Erstes einen Rundgang um die Pyramide. Als er zurückkam, wusste er, dass es sich tatsächlich um einen Selbstmord gehandelt hatte.

Wie hatte der Mann sich umgebracht?

(Die Lösung ist wiederum sehr einfach: Auf der anderen Seite der Pyramide hatte Kommissar Peppke einen Kühllastwagen gefunden. Offenbar hatte der Selbstmörder mit diesem Kühlauto Eisblöcke herbeigebracht, diese in der Pyramide aufgeschichtet und war auf diesen Eisberg geklettert, um mit der Schlinge um den Hals von diesem herunterzuspringen und so seinem Leben ein Ende zu machen. Im warmen Afrika war das Eis schnell geschmolzen und hatte, als man den Selbstmörder fand, keine Spuren hinterlassen.)

Ein wunderschönes Tigerfell

Pepes Vater erzählt sehr gerne von seiner größten Leidenschaft, der Jagd. Und alle Leute, die ihn besuchen, müssen sich auch seine Trophäen ansehen: Bärenfelle aus Rumänien, Krokodilshäute aus dem Sudan und so fort.

Kürzlich war auch Kommissar Peppke bei Pepes Vater zu Gast.

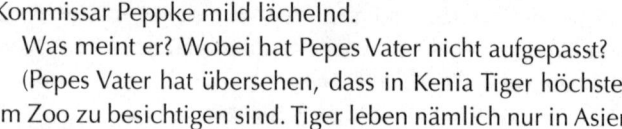

»Und besonders stolz bin ich auf dieses Tigerfell. Es war ein riesengroßer Bursche. Ich habe ihn letztes Jahr in Kenia erlegt.« So erzählt Pepes Vater.

»Ich fürchte, da haben Sie aber nicht aufgepasst!«, sagt Kommissar Peppke mild lächelnd.

Was meint er? Wobei hat Pepes Vater nicht aufgepasst?

(Pepes Vater hat übersehen, dass in Kenia Tiger höchstens im Zoo zu besichtigen sind. Tiger leben nämlich nur in Asien.)

Ein dritter schrecklicher, unverständlicher Selbstmord

Vor einigen Jahren ist ein Mann zum Wallfahrtsort Lourdes gefahren. Er verbrachte dort ein paar Tage, die für ihn sehr schön waren. Auf der Heimfahrt passiert nun etwas Merkwürdiges.

Als der Zug in einen ziemlich langen Tunnel einfährt, ist nach einiger Zeit ein Schuss aus dem Abteil des Mannes zu hören. Als die Mitreisenden sich nach der Ausfahrt aus dem Tunnel in das Abteil des Mannes begeben, finden sie ihn mit einem Kopfschuss auf seinen Polstern zusammengesunken.

Wie ist dieser Selbstmord zu erklären?

(Wieder zeigt sich, dass die Geschichte umso interessanter wird, je länger und mehr wir an ihr herumrätseln. Die Lösung: Es handelte sich bei unserem Mann um einen Blinden, der durch eine Wunderheilung in Lourdes das Augenlicht zurückbekommen hatte.

Als der Zug nun in den Tunnel einfuhr, glaubte er, dass er wieder blind geworden sei. Vor lauter Verzweiflung erschoss er sich.)

Mord in den Bergen

»Also 500 000 zahlen Sie?«, sagte der Killer.

Der Mann nickte stumm.

»Und unser – hm – Opfer – hm – nennen wir ihn doch einfach Herrn X – wohnt auf dieser Berghütte?«

Der andere nickte wieder stumm.

»Und er wohnt dort allein!«

Wieder ein Nicken: »Und jeden Abend fährt er mit seinem Sportwagen die Serpentinen herunter, um im Dorf noch einen Schoppen Wein zu trinken.«

Leicht verdiente Mordprämie!

»Gut!«, sagte der Killer und grinste. »Den Auftrag nehme ich an. Besorgen Sie mir 10 m weißes Klebeband,12 cm breit und 10 m graues Klebeband, ebenfalls 12 cm breit.«

Das Opfer wurde am anderen Morgen tot gefunden. Es war noch in seinem Sportauto, das von der Straße abgekommen und eine steile Böschung hinuntergestürzt war.

Zufall? Oder hatte der Killer seine Hände im Spiel, und wenn ja, wie?

(Da die Straße nur von dem Opfer und nur in der Dunkelheit befahren wurde, hatte der Killer genügend Zeit gehabt, in einer Kurve die Mittelstreifen mit Grau zu überkleben und einen neuen »Mittelstreifen« aus weißem Material anzufertigen, der das Opfer mit seinem Auto genau in den Abgrund führte. Nach dem Unfall brauchte er seine Streifen nur wieder einzusammeln und nach Hause zu gehen.)

Eine weitere schwierige Selbstmordgeschichte

Zwei Männer sitzen in einem Raum. Sie spielen Schach. Neben dem Schachbrett liegt eine Pistole. Der Sieger greift zu der Pistole, setzt sie an seine Schläfe und erschießt sich.

Was ist hier vorgegangen?

(Lösung: Die beiden Männer sind in einem luftdicht abgeschlossenen Raum eingesperrt. Sie haben sich vergewissert, dass sie *keine* Chance haben, den Raum lebend zu verlassen. In der Pistole ist aber nur noch ein Schuss. Sie haben darum mit dem Schachspiel entschieden, wer diesen einen Schuss benutzen darf, um dem qualvollen Tod des Erstickens zu entgehen.)

Ein Paket mit makabrem Inhalt

Vor einiger Zeit war in einer Pariser Zeitung mit großer Auflage folgende Anzeige zu lesen:

»Mein Mandant sucht aus ehrenhaften Motiven einen linken Männerarm. Er ist bereit, einen sehr hohen, also angemessenen Preis dafür zu bezahlen.

Rechtsanwalt…«

Einige Zeit später erhielt ein Mann in Hamburg ein Paket. Als dieser den Pariser Absender erkennt, greift er zum Telefon und ruft einen Freund an. Dieser eilt sofort herbei. Gemeinsam öffnen sie das Paket. Beim Anblick des Armes nicken sie zufrieden, dann werfen sie ihn weg.

Was ist hier vorgegangen?

(Die beiden Männer in Hamburg und der Absender des Paketes in Paris waren die einzigen Überlebenden eines Schiffsuntergangs. Sie trieben lange auf einem Floß im Ozean. Als ihr Hunger sie so zu schwächen drohte, dass sie glaubten, nicht überleben zu können, beschlossen sie, dass jeder von ihnen einen Arm her-

geben sollte. Die Reihenfolge wurde ausgelost. So kam es, dass der Mann aus Paris noch seinen Arm hatte, als sie gerettet wurden. Da er aber versprochen hatte, auch seinen Arm zu opfern, und sehr reich war, hatte er sich zu diesem Betrug entschlossen.)

Anmerkung zu den Gruselkrimis

Manche Eltern mögen Hemmungen haben, die gruseligen Geschichten ihren Kindern mitzuteilen. Ich finde, dass sie ihre Hemmungen ernst nehmen sollten. Ernst nehmen bedeutet nicht nur, dass sie die Geschichte den Kindern nicht erzählen, sondern könnte auch bedeuten, sich zu fragen, woher solche Bedenken kommen.

Die Fernsehforschung hat gezeigt, dass Kinder, welche Gruselgeschichten im Fernsehen sehen, tatsächlich mit großer Angst reagieren können. Die Fernsehforschung hat aber auch festgestellt, dass die Kinder Grausamkeiten im Film besser bewältigen und bearbeiten können, wenn ihre Eltern oder andere wichtige Bezugspersonen, auch Freunde und Geschwister, in der Nähe sind.

Es darf daran erinnert werden, dass die Märchen, früher ja der Hauptunterhaltungsstoff von Kindern und Erwachsenen an langen Abenden, auch voller grausamer Szenen und Geschichten sind. Es gab und gibt Menschen, die deswegen auch Märchen ablehnen und sie ihren Kindern nicht erzählen oder nur »in bereinigter Form«.

Bruno Bettelheim hat in seinem Buch »Kinder brauchen Märchen« allerdings die Auffassung vertreten, dass gerade auch das Vorkommen und Auftauchen des Bösen und Schrecklichen in den Märchen für die Kinder eine sehr wichtige Funktion hat. Da Kinder in ihrer Entwicklung ja selber häufig aus sich heraus böse Fantasien und Gedanken entwickeln (z. B. aus Eifersucht und Neid Todesfantasien gegen Brüder, Schwestern oder Eltern), helfen ihnen die Märchen zu erkennen, dass solche *Fantasien* zum Leben gehören und zu bewältigen sind. Wenn Kinder solche Erfahrungen nicht machen können, besteht die Gefahr, dass sie alles »Böse« in sich aus ihren Taggedanken verdrängen müssen. Das heißt aber keineswegs, dass es damit nun weg wäre. Solche verdrängten Fantasien tauchen dann z. B. in Träumen wieder auf oder können auch die Ursache von psychischen Problemen oder sogar psychosomatischen Störungen – also körperlichen Krankheiten, die auf psychische Ursachen zurückgehen – werden.

Diese Überlegungen sind bitte nicht als Anweisung oder Rezept gemeint, gegen seine eigenen Empfindungen zu handeln. Wer Bedenken hat, solche grausamen Geschichten zu erzählen, sollte das auch nicht tun. Aber – wie gesagt – es wäre auch nicht gut, es dabei zu belassen. Sich mit solchen Bedenken auseinander zu setzen, das heißt vor allen Dingen, sich auch mit den damit zusammenhängenden und auftauchenden Gefühlen auseinander zu setzen (diese Gefühle wahrzunehmen, ihnen nachzugehen, die damit verbundenen Erinnerungen auf sich wirken zu lassen, eventuell richtige »Gefühlsketten« wieder nachzuempfinden und zu verstehen, womit man vielleicht noch nicht fertig geworden ist).

Die Beschäftigung mit den Kindern bringt es nun einmal mit sich, dass wir dabei immer auf uns selbst und unsere eigene Kindheit (»das Kind in uns«) gestoßen und geworfen werden. Und gerade im Spiel ist diese »Gefahr« (oder eben die Chance) besonders groß.

Nachwort:

Witz und kreatives Denken

Wer in diesem Buch geschmökert hat, wird zustimmen, wenn wir sagen, dass Doppeldeutigkeiten und Witze mit ihren Anregungen, die Welt innerhalb von Sekunden von zwei oder mehr verschiedenen Seiten zu betrachten, eine Menge Spaß machen. Mancher mag sich dagegen wehren, dass wir diesen Spaß nun mit Ernst unter die Lupe nehmen.

Bitte! Es besteht kein Zwang, diesen Essay zu lesen!

Allerdings können wir nicht verhehlen, dass wir es unserer Ansicht nach mit einem Thema zu tun haben, das mit seiner Bedeutung über die vergnüglichen Stunden gemeinsamen Spaßes hinausreicht. All die Spiele und Geschichten dieses Buches haben nämlich eines gemeinsam: Ihre Lösungen setzen sich von den eindimensionalen, logischen Denkvorgängen ab, mit denen wir normalerweise unseren Alltag bewältigen. Während – wie der Amerikaner de Bono (1972, S. 14) es sagte – unsere Alltagslogik sich »im Bereich der höchsten Wahrscheinlichkeit (bewegt), so tummelt sich das laterale* Denken im Umkreis geringer Wahrscheinlichkeit«.

Dieses Schlangenlinienziehen im Bereich geringer Wahrscheinlichkeiten ist eine der Bewegungen, die kreatives Verhalten kennzeichnen. Und de Bono stellt den Zusammenhang zwischen unseren Wortspielereien und dem schwergewichtigen Begriff »Kreativität« ausdrücklich her:

»Die Starrheit der Wörter steht in Zusammenhang mit der Starrheit der Klassifikationen, die ihrerseits wieder zur Starrheit der Betrachtungsweisen führt. … Neue Ideen neigen dazu, sich in erster Linie bei solchen Menschen einzustellen, die sich der Starrheit der

---

* lateral = eigentlich: seitlich, sich in der Fläche bewegend, hier: spielerisch, vielleicht auch: ausschweifend, schöpferisch.

Wörter und Klassifikationen entziehen können« (de Bono 1972, S. 54).

Nachdem Kreativität einige Zeit ein aufwühlendes Thema gewesen war, redet heute kaum noch jemand davon. Doch bevor wir uns damit etwas genauer beschäftigen, zuvor noch einige Anmerkungen zum Zusammenhang von

Witz und Kreativität

Die Wirkung eines Witzes beruht – das wussten schon die beiden Literaturtheoretiker Bodmer und Breitinger im 18. Jahrhundert – darauf, dass durch die Anfangserzählung eine Situation geschaffen wird, aus der sich eine Erwartung über den weiteren Fortgang beim Zuhörer/Leser ergibt. Diese Erwartung wird durch die Pointe »enttäuscht«. Es wird ein unerwartetes Ende gesetzt, das gleichwohl nach bestimmten Kriterien auf das vorher Erzählte passt. Dieses »Passen« zu entdecken, ist ein lustvoller Vorgang, wie schon Freud (1962) beobachtete. Damit zugleich werden in der Regel Emotionen wie Schadenfreude etc. freigesetzt bzw. ermöglicht. Auch Autoaggressionen können eine Rolle spielen (wie z. B. in den Versorgungswitzen im Dritten Reich, vor Jahren wieder als Häschenwitze in Umlauf geraten); ebenso beliebt und besonders häufig ist das Abreagieren von Wut gegen die Herrschenden oder die Verhältnisse, in denen man zu leben gezwungen ist.

Einige Beispiele:

a (Schadenfreude): Ein Betrunkener steigt in die Straßenbahn, stellt sich neben einen vornehm gekleideten Herrn. Plötzlich – in einer Kurve – muss der Betrunkene sich übergeben und trifft mit seinem Schwall von oben bis unten den Mantel des vornehm gekleideten Herrn. Dieser ruft empört: »Sie Schwein, Sie!«

Darauf der Betrunkene, indem er den Herrn von oben bis unten mustert: »Gucken Sie sich doch einmal selber an!«

b (Wut gegen die Herrschenden): In der DDR erzählte man sich folgenden Witz. Der Lehrer bittet die Kinder, den Begriff »traurig« mit einem Beispiel zu veranschaulichen.

Fritz meldet sich und erzählt: »Gestern ist mein Vater mit unserem ganz neuen Trabant am Garagentor hängen geblieben. Der eine Kotflügel ist ganz hin. Das war vielleicht traurig.« »Nein«, korrigiert der Lehrer, »das war ein Schaden.«

Ein anderer Schüler: »Meine Mutter hatte zwanzig Eier gekauft. Sie wollte einen Kuchen backen. Da sind sie ihr alle runtergefallen. Das war traurig.«

»Nein«, verbessert der Lehrer, »das war ein Verlust.«

Da meldet sich Hans: »Gestern ist unser Parteisekretär gestorben ...«

Der Lehrer – nachdenklich: »Ja, das ist kein Schaden und auch kein Verlust. Das ist traurig.«

Das Wesentliche am Witz ist also in der Tatsache zu sehen, dass er innerhalb einer sehr kurzen Geschichte zwei Standpunkte einzunehmen in der Lage ist, die dennoch »in einem höheren Sinne« – und zwar sowohl in einem formalen Sinn, indem die Doppel- und Mehrdeutigkeit von Wörtern benutzt wird, wie auch in einem emotionellen Sinn, der die Freisetzung von sonst nicht erlaubten Emotionen ermöglicht – miteinander verbunden sind. Der Witz ist nicht nur das Produkt kreativen Umgangs mit den Dingen oder – was in diesem speziellen Falle beinah das Gleiche ist – mit den Wörtern, er macht schon in seiner Konstruktion und Ökonomie einiges von dem sichtbar, was man gemeinhin den kreativen Prozess oder Kreativität oder kreatives Denken nennt.

Allerdings kann dies seiner Natur entsprechend nur in Form eines Spurendiagramms festgehalten werden – wie die verwirrenden Linien der Bewegungen einer Expedition in einem fremden Land. Aus ihnen sind keine Gebrauchsanweisungen für spätere Expeditionen zu entnehmen – außer der einen vielleicht, dass gerade Wege nicht vorkommen. Dass aber das Ende häufig unabsehbar ist, sich manchmal gar nicht einstellen will und der Spaß sich allein unterwegs ergibt, diese wichtige Erkenntnis in Sachen Spaß, Witz und

Kreativität lässt sich aus dem fertigen weitererzählten Witz nicht entnehmen.

Als fertiges Produkt will uns auch dieser Witz suggerieren, dass es zwischen der normalen alltäglichen Produktion von Gebrauchs-gegenständen »eigentlich« keinen Unterschied gäbe. In Wirklich-keit aber muss Kreativität nicht produktorientiert sein. Wer sie dazu macht, tötet sie nur allzu oft ab.

Das Wesentliche am Kreativen ist das Spielerische, jenes Spieleri-sche, das sich im Moment erfüllt und über den Augenblick nicht hi-nauszureichen trachtet. Manche Schalheit, die sich einstellt, wenn einer von einer gelungenen Spielsituation erzählt und die dort ge-fundenen netten Sprüche, Witze und Redensarten weitergibt, hängt damit zusammen, dass der Zuhörer nun »richtige« Witze und Poin-ten erwartet, der Spaß in der Situation aber von mehr bestimmt war als übertragbaren »Worthülsen«, nämlich z. B. vom gemeinsamen »Wieder-Kind-Werden«, dem Abstreifen erwachsener Kontrollme-chanismen und Hemmungen oder – positiv ausgedrückt – von der selbst erschaffenen produktiven Stimmung. Und das alles ist ja nun nicht mehr da, wenn ich über so ein Ereignis berichte und mir mög-licherweise damit auch noch selber die schöne Erinnerung nehme.

Unsere Fähigkeit, die Welt im Kopf auf den Kopf zu stellen, kann für uns eine Quelle nicht endender Späße und von viel Vergnügen sein. Sie uns zu erhalten ist inzwischen eine Sache geworden, die wir gegen viele Versuche stupider Vereinnahmung verteidigen müs-sen – gegen das Fernsehen mit seinen ausgewogen-standardisierten Kalauern und seinen Intendanten ebenso wie gegen die Werbe-agenturen, die vor uns die müdesten Abfälle ihrer Gehirne mit Millionenaufwand breittreten. Aber auch auf die Schule und ihre Versuche, alles über den Logikleisten zu schlagen, haben wir miss-trauisch zu achten.

Die Psychologie und die Kreativität

Wer weiß, wie sich Psychologen ihren Gegenständen zu nähern pflegen, wird schon die Wortkombination Psychologie und Kreativität mit Misstrauen beäugen, weiß er doch, dass die Psychologie es in diesem Punkte den Schmetterlingssammlern gleichzutun pflegt, welche die buntesten und flatterhaftesten Dingerchen, welche die Natur hervorgebracht hat, nur zu dem einen Zwecke jagen, sie mit einer Stecknadel auf ein großes Brett zu pieksen und sie zu einem bunten Flickenteppich anzuordnen: Da lässt man Kinder z. B. in Testsituationen zu Tintenklecksen fantasiereiche Geschichten erzählen, um anhand dieser Geschichten psychische Störungen zu diagnostizieren; da werden Versuchspersonen gebeten, mal eine Geschichte mit dem und dem Thema aufzuschreiben. Und warum? Na, z. B. um herauszukriegen, ob einer leistungsmotiviert ist oder nicht.

Dass anstelle von »kreativem Denken« auch das Wort »laterales Denken« (nicht genau dasselbe!) im Schwange ist, haben wir schon erwähnt. (Gegenteil: vertikales Denken) Außerdem trifft man bei der Beschäftigung mit dem Thema auch noch auf das Gegensatzpaar »divergentes Denken« (also etwa: auseinander strebendes, fließendes Denken) und »konvergentes Denken« (für logisches Denken).

All diese Begriffe und noch einige mehr wurden aufgeboten, als sich die Psychologen mit dem Tatbestand konfrontiert sahen, dass ihre Intelligenztests keine rechte Gegenliebe mehr fanden. Das war in der Zeit nach dem Zweiten Weltkrieg. In einem berühmt gewordenen Vortrag berichtete damals einer der Großen der US-amerikanischen Psychologenszene, J. Paul Guilford, von der der Psychologenzunft vorgelegten Frage, »weshalb Absolventen derselben höheren Lehranstalten mit besten Studienzeugnissen und nachdrücklichen Empfehlungen sich so sehr im Hervorbringen neuer Ideen unterscheiden« (Guilford 1950, S. 17).

Zweierlei ist an dieser Frage bemerkenswert.

1. Leute mit hoher Intelligenz brauchen offenbar nicht notwendigerweise Menschen zu sein, die mit Witz und Ideen bei ihrer

Arbeit auffallen. Solche »stupiden« Intelligenzbestien, die sich auf irgendeine Weise in die höchsten Ämter und an die einflussreichsten Posten hochgedient haben, sind ja bekannt.

2. Mindestens zu jener Zeit, als Guilford auf jene denkwürdige Erkenntnis kam, schien es einen Bedarf an Leuten mit Ideen zu geben und dementsprechend Anforderungen an das öffentliche Ausbildungssystem, die entsprechenden Fähigkeiten mehr zu berücksichtigen und zu fördern.

Befassen wir uns zunächst mit dem zweiten Aspekt.

In der Tat schien es die Stimmung, die der Zweite Weltkrieg erzeugt und hinterlassen hatte, und vermutlich auch die ökonomische Situation, die durch den Krieg erzeugt worden war, bei vielen Menschen nahe zu legen, sich auf die Zukunft hin zu orientieren und nach neuen Ideen zu suchen. Fest steht jedenfalls, dass – nachdem vorher in gut zwanzig Jahren keine 200 Veröffentlichungen zum Thema Kreativität erschienen waren, nach 1950 eine Schreib-, Forsch- und Veröffentlichungswut in Sachen Kreativität über die Menschheit hereinbrach, die gigantische Ausmaße annahm, aber nach den 60er- und 70er Jahren wieder abebbte. Warum? Edward de Bono schreibt: »Das Ziel des lateralen Denkens ist, neue Ideen hervorzubringen. Doch wer außer ihren Urhebern ist schon wirklich an ihnen interessiert? Es ist ein frommes Märchen, dass Leute, die in ihrer Stellung etwas mit neuen Ideen anfangen könnten, besonders erpicht auf sie seien« (de Bono 1972, S. 110).

Die Wissenschaftler der Psychologie haben Tests entwickelt, mit deren Hilfe sie eine Eigenschaft »Fluency« festzustellen bzw. festzuhalten in der Lage sind. Diese ist wohl allem Anschein nach ein hinreichender Indikator für Kreativität und längst nicht bei allen Hochintelligenten feststellbar. Offenbar wird der entsprechende Test inzwischen an jenen Stellen eingesetzt, wo bestimmte Leute der Wirtschaft, Bürokratie oder Politik glauben, einen Bedarf an einem »Kreativen« zu haben.

Damit ist der praktische Bedarf an Kreativitätsdiskussion offensichtlich gedeckt.

Kreativität und Schule

Dass sich aus dem öffentlichen Geschrei um Kreativität auch eine Extradiskussion, die Schule betreffend, herausgeschält hat, ist wenig überraschend. Ebenso wenig überrascht es allerdings auch, dass diese Diskussion kein richtiges Feuer entfachte und sich schnell wieder dahin zurückzog, wo Kreativität von Amts wegen hingehört: in die Fächer Kunsterziehung, Werken, vielleicht auch noch mal Musik oder gar Deutsch…

So schrieb der Erziehungswissenschaftler Klaus Mollenhauer: »Die Schule scheint den kreativen Verhaltenstypus nicht zu fördern« (S. 286). Kreatives findet sich in der Schule außer in den eingezäunten Bezirken der genannten Fächer nur in der Schülerkultur. So zeigen z. B. die Inschriften auf Schülerbänken, welche Freiräume der Unterricht für kreative Produktion öffnet (»Wenn alle schlafen und einer spricht, dann nennen sie das Unterricht«):

»Befreit Grönland!
Weg mit dem Packeis!«

»Einstein ist tot,
Newton ist tot.
Und mir ist auch schon so elend!«

»Je fighter der Star, desto stürzer der Flug.
Je seiter der Sprung, desto schimpfer die Mutti.«
(Alle nach Bracht, 1978)

Diese heimliche und ungewollte Förderung der Fantasie in der Schülerkultur ist so ziemlich das einzige Verdienst, das sich die Schule mit ihren hoch bezahlten Spezialisten für Lehrprozesse in ihrer Gesamtheit – Ausnahmen sollen die Regel bestätigen –, um die Förderung und Entwicklung von schöpferischem oder lateralem oder divergentem Denken erwirbt.

Ansonsten zielt sie darauf, logisches Denken und entsprechendes Problemlöseverhalten zu vermitteln. Wenn es hochkommt! Leider ist häufiger auch der Fall zu beobachten, dass Schüler im Wesentlichen dazu angehalten werden, vorgegebene Inhalte auswendig zu lernen und bei passender Gelegenheit wiederzugeben. Dabei ist – jeder Berufsstand hat halt auch seine schwarzen Schafe – von Denken gar nicht mehr die Rede, weder vom vertikalen, einlinigen, logischen noch gar vom spielerischen, dem schöpferischen.

Schon Goethe hat in seinem »Götz von Berlichingen« die Hilflosigkeit und Unangemessenheit angelernten Wissens karikiert. Und den praktischen Unterschied zwischen logisch-analytischem Vorgehen bei der Lösung eines Problems und einer kreativen (lateralen, divergenten) Variante mag folgende Geschichte erhellen:

Bei der Belagerung einer Burg waren die Belagerer ebenso wie die Eingeschlossenen ziemlich am Ende ihrer Kräfte. Insonderheit fehlte es bei beiden Parteien an Nahrungsmitteln, um den Kampf fortsetzen zu können. In der Burg war alles aufgebraucht. Außerhalb der Burg brachten die Raubzüge keine Beute mehr, weil alle Vorräte geplündert oder zerstört waren.

In der Burg stellte sich zu diesem Zeitpunkt das Problem, wie mit dem letzten Ochsen und dem letzten Sack Weizen umzugehen sei, um den Kampf nicht zu verlieren.

Die logischen Varianten der Problemlösung liefen darauf hinaus, Pläne zu machen, um den Vorrat so lange wie möglich zu strecken. Aber einer der Verteidiger machte einen ganz anderen Vorschlag, nämlich allen Weizen zu Brot zu verbacken, den Ochsen zu schlachten, daraus einen Riesenbraten zu machen und alles über die Burgmauer zu werfen.

Nach langem Hin und Her wurde dieser Vorschlag akzeptiert. Als die hungernden Belagerer von den Eingeschlossenen so reich beschenkt wurden, wirkte sich das bei den Angreifern in einem solchen Maße demoralisierend aus, dass sie ihre Sachen packten und wieder in die Heimat zogen.

Schöpferische Lösungen sind tatsächlich dann willkommen, wenn die Not am größten ist – wie nach dem Krieg.

Not macht erfinderisch: Die Wahrheit dieses Spruches liegt gewiss nicht darin, dass Not die kreativen Kräfte freisetze – das Gegenteil ist der Fall –, aber die Not hält uns an, kreative Problemlösungen, für die wir sonst keinen Bedarf hatten oder die uns wegen ihrer Ungewöhnlichkeit befremdlich erschienen waren, in Erwägung zu ziehen, uns mit ihnen anzufreunden und sie endlich sogar auszuprobieren.

Die große Kreativitätsdiskussion der Fünfziger- und Sechzigerjahre hat einem platten Schweigen Platz gemacht. Übrig geblieben ist die Brainstorming-Methode, bei der sich die Leute zusammensetzen und frei zu einem bestimmten Thema (oder besser: von einem bestimmten Thema ausgehend) Ideen produzieren. Dabei darf kein anderer sich zu den Ideen, welche gesammelt werden, äußern, weil dies den freien Produktionsprozess entweder in bestimmte Richtungen lenken oder unterbinden könnte.

Wir können mit dem Lauf dieser Dinge zufrieden sein, zwingen sie uns doch, in der Angelegenheit Kreativität wieder Selbstversorger zu werden, also das zu tun, was ohnehin das einzig Mögliche ist.

Ausblick

Es ist eine spaßige Sache, wenn man sich einen richtigen Urwald von einem Gärtner anlegen lassen möchte. Das geht nicht. Das kann er nicht. Genauso ein Unding ist es, wenn einer am Strand spazieren geht, mit der Absicht, eine riesengroße, wunderschöne Muschel zu finden, und enttäuscht mit dem Fuß auf die Erde stampft, wenn er sie nicht findet.

Wenn wir den Urwald lieben, dann müssen wir ihn in aller Ruhe, Geduld und Gelassenheit wachsen lassen. Wenn wir schöne Muscheln lieben, werden wir öfter am Strand spazieren gehen und wissen, dass wir dennoch vielleicht nie die finden, die wir suchen.

Kreativität – das ist die Freude am Leben, das ist auch die Kunst, den kleinen Spaß genießen zu können, und nicht nur angesichts des komplexen Gebildes einer Bach'schen Kantate in Ekstase geraten zu können.

»Der selbst gefundene Kalauer macht mir mehr Freude als der noch so gekonnt erzählte Witz des Entertainers, dessen Platte mir meine schwerhörige Großmutter letztes Jahr geschenkt hat«, hat kürzlich ein Bekannter gelächelt.

Sich vorzustellen, dass Bäume nicht nur von unten nach oben, sondern auch von oben nach unten wachsen, dass Autos durch Fahrräder ersetzbar sind, die Eiszeit auch bei uns wieder ausbrechen kann oder Politiker in Zukunft verpflichtet werden, im Wahlkampf auf Händen zu laufen – diese »Beweglichkeit« des Denkens kann auch irgendwann einmal etwas hervorbringen, was allen Menschen nützlich ist oder an dem man vielleicht sogar viel Geld verdienen und somit das Denken einstellen kann. Das *kann* sich ereignen. Wer sich und seinen Kindern kreatives Denken beibringen will, *damit* sie einmal dieses Ziel erreichen, der kommt uns vor wie jemand, der nach Holland zur Tulpenschau gefahren ist, um dort im Tulpenfeld mit seinen Freunden Blindekuh zu spielen.

Bitte, wer das für eine prima Sache hält. Es wäre ja noch schöner, wollten wir die Miesepeter zum Spaß am Leben verpflichten!

Helga Biebricher / Horst Speichert